高等院校电子商务类新形态系列教材

软文营销

AIGC版

段丽梅 李治国◎主编

汪德露 周金宝◎副主编

人民邮电出版社

北　京

图书在版编目（CIP）数据

软文营销 ：AIGC 版 / 段丽梅，李治国主编.
北京 ： 人民邮电出版社，2025. --（高等院校电子商务
类新形态系列教材）. -- ISBN 978-7-115-66338-2

Ⅰ. F713.50

中国国家版本馆 CIP 数据核字第 2025RB7397 号

内 容 提 要

软文营销在提升企业品牌形象、扩大品牌曝光度、引导消费者决策、降本增效等方面发挥着重要作
用。本书以数字经济时代为背景，从软文内容策划、写作和传播等多个角度深度讲解软文营销的策略与
方法。本书共 7 章，分别是认识软文营销、软文内容策划、软文写作攻略、AIGC 辅助软文写作、新媒
体平台软文写作、软文营销案例解析、软文的传播与营销效果。

本书内容新颖，案例丰富，可作为高等院校市场营销、电子商务、广告学、网络与新媒体等专业相
关课程的教材，也适合文案策划人员、新媒体营销人员等相关从业人员阅读学习。

◆ 主　　编　段丽梅　李治国
　　副 主 编　汪德露　周金宝
　　责任编辑　林明易
　　责任印制　陈　犇

◆ 人民邮电出版社出版发行　　北京市丰台区成寿寺路 11 号
　　邮编　100164　电子邮件　315@ptpress.com.cn
　　网址　https://www.ptpress.com.cn
　　涿州市京南印刷厂印刷

◆ 开本：787×1092　1/16
　　印张：11　　　　　　　　　　　　2025 年 3 月第 1 版
　　字数：259 千字　　　　　　　　　2025 年 3 月河北第 1 次印刷

定价：49.80 元

读者服务热线：(010) 81055256　印装质量热线：(010) 81055316
反盗版热线：(010) 81055315

前 言

在当今信息时代，营销已经不再是单纯的产品推介与品牌宣传，它更像是一场精心策划的演出，旨在触动目标用户的心弦，引发共鸣，进而使其采取实际行动——购买、推荐或持续关注。

党的二十大报告提出："推进文化自信自强，铸就社会主义文化新辉煌。"传统的硬广告直接的推销方式，可能引起用户的抵触情绪，已经难以满足现代营销的需求；而软文凭借其内容的丰富性，形式的多样性，以及对用户心理的精准把握，成为企业传播品牌价值、讲述品牌故事、构建品牌形象的得力助手。软文以其独特的优势与魅力，以"润物细无声"的方式影响着消费者的日常生活，构建起品牌与消费者之间深厚的情感连接。

为了让读者全面、深入地了解软文营销，掌握软文写作和推广的技巧，我们精心策划并编写了本书。

本书特色

- **体系完善，知识新颖**。本书紧跟时代的发展，对软文的各种营销策略和写作方法都进行了深入讲解，并充分考虑课程要求与教学特点，重点传授实用的策略和方法，着重培养读者的软文营销实践能力。值得一提的是，本书还专门介绍了AIGC在软文营销中的应用，包括利用AIGC工具提供选题思路、构建软文框架、优化标题、提取关键词、润色正文等，让读者了解并掌握新兴的技术工具，提升软文的创作效率与质量。

- **案例丰富，融会贯通**。本书通过章首页的"案例导入"模块引入课程内容，并在理论和技能讲解中穿插精彩案例，通过案例引领读者深入掌握软文营销的策略与方法，达到融会贯通的学习目标。另外，本书还设有"知识链接""素养课堂""小技巧"模块，让读者扩展学习软文营销的相关知识，并提升个人素养。

前言

● **学用结合，注重实训**。本书在讲述理论与技能知识的同时，也注重实操训练，每章最后均设有"课堂实训"模块，包括"实训背景""实训要求""实训思路"等部分。该模块以案例引入，并以清晰的思路引导读者完成相应操作步骤，最终达到实训要求，提升读者的实操能力。

学时安排

本书作为教材使用时，课堂教学建议安排28学时，实训教学建议安排20学时。各章的学时安排如表1所示，用书教师可以根据实际情况进行调整。

表1 各章的学时安排

章序号	章名	课堂教学/学时	实训教学/学时
第1章	认识软文营销	3	1
第2章	软文内容策划	4	3
第3章	软文写作攻略	6	4
第4章	AIGC辅助软文写作	4	3
第5章	新媒体平台软文写作	4	4
第6章	软文营销案例解析	4	3
第7章	软文的传播与营销效果	3	2
学时总计		28	20

本书资源

为了方便读者更好地学习本书，本书编者准备了丰富的教学资源，包括教学大纲、电子教案、课程标准、PPT课件、习题答案等。用书教师如有需要，请登录人邮教育社区（www.ryjiaoyu.com）搜索本书书名或书号获取相关教学资源。

本书教学资源及数量如表2所示。

前言

表 2　教学资源及数量

编号	教学资源名称	数量
1	教学大纲	1 份
2	电子教案	1 份
3	课程标准	1 份
4	PPT 课件	7 个
5	习题答案	1 份

为了帮助读者更好地使用本书，我们录制了配套的教学视频，读者可以通过扫描书中的二维码观看。

教学视频名称及二维码所在页码如表3所示。

表 3　教学视频名称及二维码所在页码

章节	教学视频名称	页码	章节	教学视频名称	页码
第 1 章 案例导入	奈雪的茶，霸气鲜果茶软文营销全面出击	1	第 4 章 课堂实训	王老吉利用 AIGC 工具进行营销分析	89
第 2 章 案例导入	国货品牌优时颜，借《玫瑰的故事》创意联名营销	19	第 5 章 案例导入	野兽派花店的微博软文营销	91
第 3 章 案例导入	小米汽车软文《一文了解小米汽车整车智能》	42	第 6 章 案例导入	中国银联公益行动，守护"低头捡星光"的人	120
第 4 章 案例导入	The North Face 用 AIGC 工具生成 10000 条文案	69	第 6 章 课堂实训	方太公益活动软文分析	143
4.3.3	用 AIGC 工具润色正文	86	第 7 章 案例导入	海信电视 U8《致敬影像完美主义》	145
4.3.4	用 AIGC 工具生成创意文案	87	第 7 章 课堂实训	台铃软文营销效果分析	165

前 言

本书编者

本书由段丽梅、李治国担任主编，由汪德露、周金宝担任副主编。尽管编者在编写过程中力求准确、完善，但书中可能还存在疏漏之处，恳请广大读者批评指正。

编　者

2025年1月

目 录

目 录

目 录

目 录

第1章

认识软文营销

软文营销作为众多营销方式中的一种，其高效的传播效果和"润物细无声"的营销方式，赢得越来越多企业的认可与青睐，成为企业进行品牌建设和市场推广的重要方式。软文与硬广告相比，其成本更低，更容易被用户接受，可以让用户在不知不觉中接受广告内容，达到"春风化雨"的效果，在短时间内提高品牌或商品的关注度。

学习目标

> 了解软文的定义、特点、类型与发展趋势。
> 了解软文营销的定义、优势与作用。
> 了解软文营销的误区及风险和相应的防范措施。
> 了解文案工作岗位的职责。
> 了解文案人员的必备能力。

素养目标

> 培养创新思维，坚持原创，提升核心竞争力。
> 树立风险防范意识，懂得规避和化解软文营销风险。

案例导入　奈雪的茶，霸气鲜果茶软文营销全面出击

奈雪的茶成立于 2015 年，以"做一杯好茶，给你一个好心情"为品牌使命，致力于提供优质的茶饮产品和独特的消费体验。依托创新的产品和独特的品牌定位，奈雪的茶在短短几年内迅速崛起，成为茶饮行业的佼佼者。

2024 年夏天，奈雪的茶推出新品霸气鲜果茶，并通过微信、微博等平台进行软文营销，取得了良好的营销效果。

（1）微信公众号软文营销，如发布推送"喝霸气一桶鲜果茶，抽华为手机，3 万份买 1 送 1!""注意！宝可梦登场！奈雪霸气鲜果茶出击！"如图 1-1 所示。奈雪的茶通过微信公众号软文宣传与华为、宝可梦的联名活动，在提升品牌知名度的同时也增加了产品销量。

教学视频

奈雪的茶，
霸气鲜果茶软文
营销全面出击

图 1-1 奈雪的茶微信公众号软文营销

（2）微博软文营销，如建立话题"霸气一桶过夏天"和"奈雪宝可梦联名款"，用户"关注+转发"即可参与抽奖。奈雪的茶利用福利券、周边产品等福利吸引用户参与活动，收获了众多用户的关注与转发，如图 1-2 所示。

图 1-2 奈雪的茶微博软文营销

在短短不到 10 天的时间内，奈雪的茶微信公众号软文阅读量超 10 万，微博软文转发量超 2000，还有很多用户通过点赞、评论参与互动；同时抖音、小红书等平台的相关软文营销，也取得了良好的营销效果。

1.1　软文概述

软文是相对于硬广告而言的一种广告形式。它将广告内容融入用户日常阅读的内容中，使用户在不知不觉中接受广告信息。

1.1.1　软文的定义

软文是指由企业的市场策划人员或广告公司的文案人员负责撰写的"文字广告"。具体来说，软文有狭义和广义两类定义。

从狭义上讲，软文是指企业付费在报纸或杂志等宣传载体上刊登的纯文字性的广告。

从广义上讲，软文是指企业策划在报纸、电子杂志或网络等宣传载体上刊登的，可以提升企业品牌形象和知名度，或促进产品销售的一些具有宣传性、阐释性的文章，包括特定的新闻报道、案例分析、深度文章、付费短文广告等，类型丰富多样。

1.1.2　软文的特点

只有了解软文的特点，文案人员才能更好地去策划和撰写软文，从而实现理想的营销效果。软文具有以下特点。

1. 软

软文的核心特点是"软"，相较于硬广告，其最大的特点就是看起来不像广告，而是能够让用户产生共鸣的一段文字。这段文字既要通俗易懂、思路清晰，还要容易被用户接受，使用户产生代入感。

2. 准

准即精准、准确。软文需要就事论事，文案人员撰写软文时需要考虑用户的偏好以及阅读习惯，并明确软文推出的目的。

此外，软文撰写还要有凭有据，言之有理，把握分寸。拿不准的东西不宜乱写，不能为了某种"需要"而歪曲事实，胡编乱造。

3. 快

快指的是传播迅速，满足资讯传播的即时性。一篇成功的软文会引发大量的转载，从而达到快速、广泛传播的效果。这就要求文案人员在撰写软文时要精力集中、思维敏捷，并提前进行市场调查，抓住关键，从而在撰写时做到逻辑清晰。

一篇优秀的软文不仅会使用户主动读完，甚至会实现用户的随手转发，特别是微信、微博以及很多自媒体平台带有一键分享功能，让转发更方便，让传播更迅速。

4. 新

新，对于新闻类软文来讲尤为重要，因为新闻类软文只有及时报道新发生的问题、新出现的情况，才能得到用户及时的评论及转载。等热度已过，新闻早已不"新"的时候，再拿出来写，就已经失去本身的意义了。因此，软文，尤其是新闻类软文要新，要具备很强的时效性。

1.1.3 软文的类型

软文在广告行业中的应用非常广泛，根据内容不同软文可以被分为以下类型。

1. 日志软文

日志软文通常是反映平台或个体日常工作情况和问题的文章，要求内容真实、详细，能够真实反映工作现状和问题。在日常工作有进展或出现问题时，文案人员应迅速撰写日志软文，以便及时记录和与用户交流；内容应一事一议，突出重点，避免冗余和无关信息的干扰；要真实记录平台或个体的实际情况，不夸大、不缩小。

日志软文有助于提升用户对平台的关注度和互动率，通过分享工作经验和问题解决方案，促进平台与用户之间的交流和合作。

例如，一个电商平台在某次促销活动中遇到了服务器宕机的问题，平台可以撰写一篇日志软文，详细记录问题发生的时间、原因、解决方案以及后续改进措施等。这样的日志软文不仅可以让用户了解平台在解决问题时所做的努力，还可以提高用户对平台的信任感和支持度。

2. 新闻软文

新闻软文通常采用新闻撰写的手法，用一种比较正式、严谨的形式将文案信息展现在用户面前，用户在阅读软文时就像是在看新闻文章。新闻本身具有流量高的特点，这无疑增加了新闻软文的曝光度。

3. 争议软文

争议软文主要通过引用典型的事件进行评论解说，在其中巧妙地植入广告。这种软文既要营造矛盾点，激发用户的热烈评论，又要简明扼要，就事论事。广告的植入要恰如其分，给人浑然天成的感觉，这样才能将广告意图含蓄委婉地表达出来。

4. 评论软文

评论软文主要是以评论文章的形式，对企业、产品、品牌或个人等进行介绍。这类软文一般通过一些热点事件，结合自身产品服务进行评论，从而引发一定的关注度。但此类型文章要根据商家自身的产品或业务诉求来选择相对合适的热点。

5. 案例软文

要想获得目标群体的关注和支持，文案人员可以用现身说法的方式说服用户，通过使用真实的案例，让用户相信文中的观点，这样的软文更容易得到用户的信赖。

6. 设问软文

设问软文一般是提出一个问题，然后围绕这个问题自问自答，通过设问引起话题和关注是这类软文的优势，但是提出的问题要有吸引力，答案要符合常识。

7. 故事软文

故事软文是指利用故事化的叙述手法，将品牌、产品或服务融入一个完整、有趣且富有情感色彩的故事中，以此吸引用户的注意力，进而实现品牌传播、产品推广或服务宣传的目的。故事软文的形式和内容丰富，可以是真实故事、虚构故事、寓言故事等。不同的故事形式和内容可以适应不同的品牌、产品或服务的需求，为营销活动提供更多元化的选择。

1.1.4 　软文的发展趋势

软文的应用领域在未来将不断拓展，软文表现形式更加多样，用户对软文内容质量的要求也将不断提高。具体来说，软文将朝着多元化、个性化、智能化和社会化方向发展。

1. 多元化

随着技术的不断发展，软文的表现形式日益多元化。图文结合、音频、视频、直播等多种表现形式将会更加普及，能够为品牌提供更加丰富的表现形式。多元化的表现形式能够更好地满足用户的多元化需求，提升品牌的曝光度和吸引力。

2. 个性化

随着大数据和人工智能技术的广泛应用，软文更加注重满足目标用户的个性化需求。品牌商通过大数据分析目标用户的阅读习惯和兴趣偏好，为不同群体定制个性化的软文内容，让每位用户都能获得符合自己兴趣和需求的信息，从而提升用户体验和营销效果。

3. 智能化

未来软文将更多地依赖于技术驱动，实现智能化发展。随着人工智能技术的发展，软文的创作、发布与效果评估等重要环节越来越依赖于机器学习和自然语言处理等技术。未来还将会出现更多的自动化和程序化工具帮助企业和个人更好地管理软文资源，提升品牌传播效果，同时降低制作成本。

4. 社会化

未来软文的发展将不再局限于纯粹的品牌推广，而是更加注重内容的质量和用户体验。文案人员将更加注重软文蕴含的社会价值、文化内涵和情感共鸣，更加重视软文在社交媒体上的互动与传播。软文通过社交媒体或搜索引擎等互联网渠道进行传播，使品牌曝光度更高，其社会化营销效果将更加显著。

1.2 　软文营销概述

软文营销是一种通过撰写具有宣传性质的文章，以间接的方式向用户传递商业信息，从而实现推广品牌、商品或服务目的的营销方式。这种营销方式强调内容的质量和创意，通过提供有价值的信息和观点，吸引用户的兴趣并引发其共鸣，从而提升品牌形象，增强用户的信任度和购买意愿。

1.2.1 　软文营销的定义

软文营销是指通过特定的概念诉求，以摆事实讲道理的方式使用户走进企业设定的"思维圈"，以强有力的、有针对性的说服方法，迅速实现商品销售的传播模式，如新闻、第三方评论、访谈、采访等。

从本质上讲，软文营销是企业软性渗透的商业策略在广告上的实现，通常借助文字表述与舆论传播使用户认同某种概念、观点和分析思路，从而达到企业品牌宣传、产品或服务销售的目的。

1.2.2 软文营销的优势

软文通过知识性、趣味性、创新性、可读性的内容来吸引目标用户，达到"不宣而销"的效果。相较于其他营销方式，软文营销具有以下优势。

1. 营销成本低

与户外广告、电视广告相比，软文营销的广告推广成本更低。中小企业的营销预算有限，他们无法承担高额的广告费用，需要采用一种成本较低的营销推广方式，而软文营销就是他们的选择之一。

软文营销除了使用一些需要付费的主流平面媒体和网络媒体，还有很多免费的推广渠道。如果调研、策划、撰写等都到位，免费的软文营销也能获得与付费广告同样的营销效果。因此，软文营销的性价比较高。

2. 传播能力强

软文以其独有的优势被市场中的各行各业所使用。它可以"春风化雨，润物无声"地将意图传递给广大用户。对于那些能给用户带来价值，让他们深受启发、获得帮助的软文，用户非常愿意接受并且主动点赞、分享，从而促进软文的二次传播。

例如，微信公众号文章《京津冀宝藏旅行地，收藏了!》的阅读量超 10 万，因为它的内容让很多用户感觉有用、有价值，于是他们看完后就会点赞或点"在看"，甚至分享到微信群或转发到朋友圈，这样就会促成文章的二次传播，甚至多次传播，如图 1-3 所示。

图 1-3 微信公众号文章《京津冀宝藏旅行地，收藏了!》

3. 持续时间长

一篇软文无论发布在哪个平台上，只要作者不主动删除或不被平台屏蔽，就可以一直存在，被用户看到，因此软文营销具有很强的长尾效应。例如，微信公众号"小米之家"在2019年—2021年发布的文章现在还可以被用户看见，如图1-4所示。

图1-4　"小米之家"公众号文章

4. 用户更精准

无论是电视广告还是户外广告，都是大面积撒网式的推广宣传，虽然覆盖面相对较广，但是无法将广告信息准确传达给目标用户。而软文营销是一种持续性的营销手段，相对来讲针对性更强，从标题、内容上都可以精准地针对目标用户设计，用户通过关键词搜索可以很快找到相关的软文，因此软文营销的用户群体更明确，营销效果更好。

5. 操作更灵活

软文可以通过多种渠道进行发布，不同的渠道具有不同的用户群体和影响力，因此可以根据营销目标和预算选择最适合的发布渠道。同时，随着新媒体的不断发展，新的发布渠道也在不断涌现，为软文营销提供了更多的可能性。

在进行软文营销时，企业可以根据需求和预算灵活调整营销周期。在预算充足的情况下，可以持续进行软文营销，以维持品牌形象和市场份额；在预算有限的情况下，可以根据营销目标选择合适的时机进行短期软文营销，以快速实现营销效果。

1.2.3　软文营销的作用

越来越多的企业选择软文营销，是因为软文的营销优势有助于企业的壮大与发展。软文营销的作用主要体现在以下几点。

1. 提升品牌形象

软文营销有助于塑造企业形象，特别是新闻软文，它能为企业树立正面形象，同时提升品牌的知名度，例如，微信公众号"小米公司"发布的文章就是以新闻报道的形式宣传小米的产品，如图1-5所示。软文营销是一个长期的行为，企业首先通过软文吸引目标用户认识并关注企业品牌，促使用户在潜移默化中记住品牌，并对品牌形成良好的印象，等到用户有消费需求时，会优先考虑此品牌。

图1-5 微信公众号"小米公司"发布的文章

2. 促进商品销售

在互联网上，部分用户通过搜索关键词来查看内容，如果发布的软文中植入了合适的关键词，就可以通过该软文为商品引流，进而促进商品销售。例如，用户在百度中搜索"什么品牌的冰箱节能省电"，搜索结果中就会出现与该关键词相关的内容，用户点击后就可以看到相关品牌商品的推荐，并且单击文章中的超链接就可以直接购买，非常便捷，如图1-6所示。

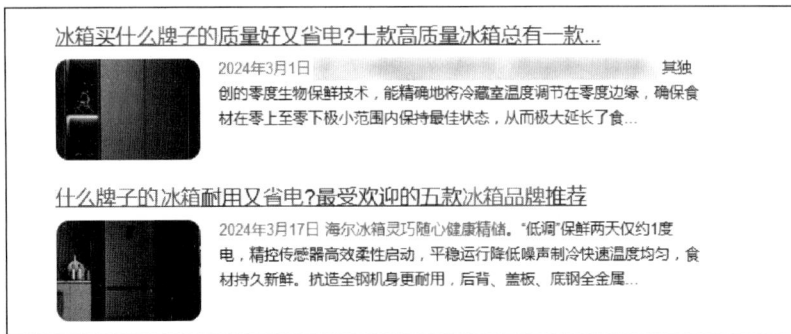

图1-6 软文能够促进商品销售的示例

软文营销的关键在于"转化"，即将普通读者转化为软文读者，再转化为潜在购买群体，直到成为品牌的忠实粉丝。

小技巧

文案人员在撰写软文时要设计好关键词，设计关键词时要考虑用户的搜索习惯，可以通过统计用户在寻找同类产品时所使用的关键词的形式来进行总结；也要考虑竞争对手使用的关键词，以掌握目前关键词的竞争热度。关键词的密度要合理控制，500~800字的软文，关键词出现的次数应控制在 4~5 次。

---

3. 传递价值观

软文能够从撰写者的视角出发来影响用户，表达撰写者的价值观。不同内容类型的软文可以从生活、消费、商品等方面传递价值观。例如，某"大 V 博主"在关于某户外装备的软文中传达了坚韧不拔追求梦想的个人品质，如图 1-7 所示。

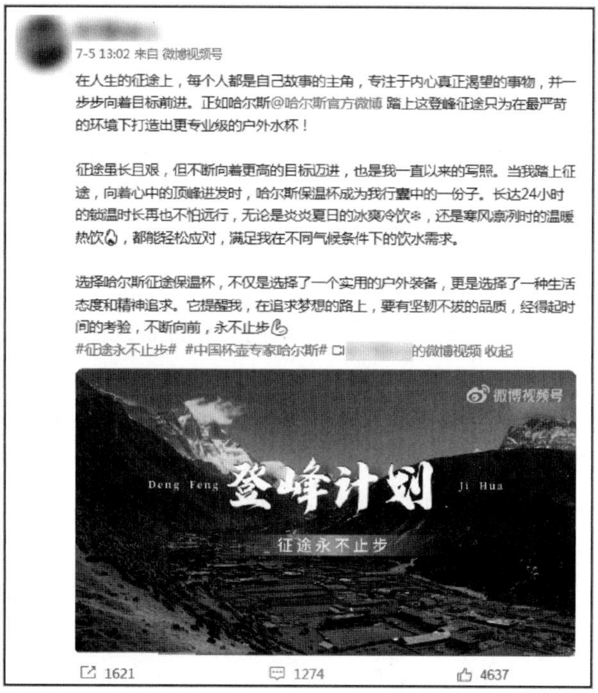

图 1-7　传递价值观的软文

4. 利于经营管理

软文还有助于企业的经营管理。一方面，企业可以通过有关先进事迹和产品理念等的软文，有效提升员工的思想素质，增强员工的凝聚力和执行力；另一方面，软文营销既是营销方式，又是营销管理方式。在软文的定位、策划和写作前后，企业需要进行系统调研、周密策划、动态调整，而这一过程中企业可以借此完善营销方案，并明确品牌、产品的定位，调整营销重点。总之，软文营销有助于企业进行产品定位，梳理营销方案。

1.2.4　软文营销的误区

软文营销作为一种具有高性价比且行之有效的营销手段，受到越来越多企业的认可与重视。但很多企业往往没有把握住软文营销的核心，缺乏系统的流程，也有很多文案人员由于没有看到软文展示和传播的重要性，往往在撰写软文时走入误区，最终营销效果甚微。

软文营销常见的误区如下。

1.　主题不明

一篇优秀的软文应当使用户在看到标题的一瞬间就明白软文想要表达的主旨。但不少文案人员在创作软文时没有提炼出一个鲜明的主题，导致用户搞不清软文的主要意图，难以对软文产生深刻的印象，这就极大地削弱了软文的营销效果。

一篇软文的主题最好在文章的标题和首段中点出，这样才符合当前用户快速阅读的习惯。很多用户在阅读文章时往往只会大概地浏览文章的标题和首段，如果对主题感兴趣才会继续阅读全文，但不少文案人员忽视了标题和首段的重要性，将精力主要放在软文的中间段落，导致标题和开头不够出彩，无法吸引用户的关注。

2.　内容空洞

有些文案人员在撰写软文时常偏离主题，核心内容不集中，让用户抓不到重点，甚至过度地说空话、大话，这样就会有吹嘘之嫌，也会使软文营销的效果大打折扣。

在软文创作中，为了避免内容空洞，文案人员要注意以下两点。

一方面，要精准定位目标用户。软文的创作和其他广告一样，只有明确了目标用户才能有的放矢，正确地选择语言风格及投放场所。

另一方面，根据目标用户确定文风。不同的产品，其目标用户也是不同的，他们可能存在年龄、职业、受教育程度等方面的差异，因此他们对文风的喜好也是不同的，这就要求文案人员在进行软文创作的时候要根据目标用户采用针对性较强的语言风格。

3.　篇幅冗长

一篇软文如果能在短短几行文字或几段文字之内抓住用户的眼球，就会大大提高软文营销的转化率。但是，如果内容像流水账一样啰唆冗长，就会导致用户丧失看下去的耐心。

如今人们的生活节奏快，其阅读方式和习惯也发生了较大变化。用户打开网站，面对长篇大论的文章有一种本能的抗拒感。他们通常会先阅读标题，然后快速浏览内容是否符合自己的预期，如果不符合预期，就会迅速跳转到其他页面。

当然，有些篇幅较长的文章会更容易被搜索引擎收录。例如，对某个观点进行深度分析、内容丰富、分成几页的文章，这样的文章在搜索引擎看来更具权威性，是很有价值的资源。

因此，软文篇幅的长短既要考虑到用户体验，也要从搜索引擎收录规则的角度出发，长短适宜才能达到预期的效果。

4.　原创度不高

有些文案人员在撰写软文时借鉴其他软文的比例过高，导致自己软文的原创度较低。软文创作提倡原创，长期进行内容原创能够提高账号或网站的权重，并且能够提高被搜索引擎收录的比例。坚持内容原创，才是软文运营走向成功的法宝。

5．忽视用户体验

一篇软文能否被用户接受，很大程度上取决于用户的阅读体验。一篇有价值、易读，能够让用户产生视觉愉悦感的软文更容易受到用户的喜欢。

一篇注重用户阅读体验的软文要做到以下几个方面。

（1）有用。软文要对用户有价值，即用户能从软文中受到启发，收获乐趣，或获得信息。

（2）易读。不容易读懂的软文，其影响力是有限的。通俗易懂的软文更容易被扩散传播。

（3）视觉愉悦。软文排版合理，配图精美，可以从形式上带给人舒适的美感。平面媒体对软文排版的要求很高，字体、字号、行间距都有讲究，如果有美工协助设计，效果会更好。

（4）友好。友好是指软文使用的语言贴合目标用户的阅读习惯，只有这样他们才更容易接受软文传递的观点和信息。

6．推广意图明显

如今用户能够很快地分辨出一篇文章是不是广告。如果文章的广告动机过于明显，措辞夸张，用户便会产生抵触情绪，不但会放弃阅读，甚至会对其宣传的品牌和产品产生怀疑，这是当前许多软文存在的问题。

具体来说，削减软文的推广意图要注意几个方面：软文要"软"，切忌强行植入；要想方设法制造信任感；产品信息要真实、清晰；重视口碑传播；着眼于用户的兴趣与利益。

7．广告植入过多

植入式广告本身具有很多优点，其用户数量庞大，因而在营销策略中植入式广告被广泛使用。但是过多的植入式广告也会引起用户的反感。无论是视频还是书面文字，可供植入广告的容量都是有限的，如果无限制地植入广告，往往会适得其反。

要想避免软文植入过多广告，可以从以下几个方面考虑。

（1）将产品的信息以举例的方式展现，这多用于平面媒体的软文。

（2）借用第三者的身份，如某专家发言、某网站的统计数据、某人的话，但要确保使用的信息是真实的。

（3）采用故事揭秘的方式，这种方式一开始就围绕植入的产品撰写故事，故事情节是以这个需要植入的产品为线索展开的。

（4）添加版权信息，这种方式的使用非常简单，只需找出潜在客户群，寻找他们感兴趣的话题并原创相关话题的文章，内文不需要刻意琢磨如何植入广告，在文章的最后加上版权信息即可，如"本文为×××原创，如需转载请注明出处"。

1.2.5　软文营销的风险防范

软文营销融合了内容策划、媒体传播以及市场营销等多种活动，对企业而言，软文营销是一种低门槛、高回报的营销手段，但也非常容易带来麻烦和风险。因此，企业在进行软文营销时须注意以下风险，并做好相应的防范措施。

1．操作风险与防范

软文营销的操作风险主要集中在软文的创作以及发布上。

（1）过度包装

商品过度包装不仅会造成资源浪费，而且会有欺骗消费者的嫌疑，软文营销也是一样。撰写软文时，如果文案人员过分吹嘘和放大商品功效，对商品存在的问题和潜在的风险避而不谈，一味地推销商品，这种做法是存在风险和隐患的。

在软文营销过程中，文案人员要把握好商品的宣传包装尺度：一方面做到真正了解商品或服务，软文中谨慎使用涉及数字和承诺性内容的描述，确保软文中的信息和数据真实有效；另一方面要查询行业相关的法律法规及《中华人民共和国广告法》（以下简称《广告法》）等相关法律条文中禁用的词汇，对比和判断软文中使用的词汇是否合法合理。例如，"顶级""最优秀""独创""金牌""药到病除""无效退款""减肥"等词汇，存在误导消费者的风险，应避免使用。

（2）书写错误

软文在发表前要经过严格审核，反复检查，仔细校对，确保其内容和逻辑正确。软文一旦发布，错误就很难被修改，严重时可能会使企业陷入法律纠纷，甚至对社会造成危害。软文中的书写错误包括文字错误、数字错误、标点符号错误以及逻辑错误等。

① 文字错误。软文中常见的文字错误为错别字，如名称错误，一般涉及人名、商品名称、企业或组织机构名称等。文案人员要认真校对，特别注意同音字错误，例如，"云帆集团"错写成"匀番集团"。

② 数字错误。数字使用有 3 种情况：一是必须使用汉字；二是必须使用阿拉伯数字；三是汉字和阿拉伯数字都可用，但要遵守"保持局部体例一致"的原则。例如，"一年半"不能写成"1 年半"，"八月十五中秋节"不能写成"8 月 15 中秋节"。

软文中涉及的数字，包括但不限于日期、时间、金额、数量等单个数据或区间数值，文案人员都要仔细地核查。对于没有依据的或是敏感易引起争议的数据，文案人员最好不要做精确化表述，而要适当模糊处理。

③ 标点符号错误。常见的标点符号错误有引号用法错误、书名号用法错误、分号用法错误、问号用法错误等。例如，文案人员有时对单位、机关、组织的名称及商品名称等都运用了引号，但其实只要不产生歧义，名称一般可不用引号。

④ 逻辑错误。逻辑错误是指软文主题不明确，全文逻辑关系不清晰，存在语义与观点相互矛盾的情况。

正确校对逻辑关系的方法是快速通读全文，理解文章大意，判断上下文语境是否矛盾，语句是否通顺连贯。对于语义、语境存在不合理的地方，要反复阅读，找出问题所在，并加以修正。文案人员要避免自相矛盾、因果倒置、论据和论点无关等常见的逻辑错误。

（3）质量过低

很多企业尤其是中小企业，营销预算不足，没有专职的文案人员，相关人员撰写出的软文质量不高。这样的软文无法吸引用户的注意，很难被扩散传播，也就无法达到理想的营销效果。

企业在做软文营销时，应招聘专注于软文撰写的文案人员或专业的软文营销团队，这样撰写出的软文质量更高，营销效果更好。

（4）投放渠道单一

投放渠道是指软文发布的平台及载体。如果企业营销人员只认准一个平台或方向，只采用一种渠道投放软文，则推广力度小，影响力弱，很难达到营销的最佳效果。

营销人员在发布软文时，应选择多渠道、多平台投放，加大推广力度，选择按人群定向、主题词定向、网站定向等多种方式进行投放。这样可以覆盖从不同途径获取信息的目标人群，同时更广泛地传播企业品牌信息。

2. 道德风险与防范

在商业交易中，道德风险通常是指企业在追求自身利益的同时，违反了道德规范和社会公德，给自身造成的潜在风险。

在软文营销过程中，有些企业为了博取关注，追求自身利益的最大化，不惜恶意炒作或蓄意制造舆论热点，甚至不惜捏造事实、散布谣言，以此来吸引用户的注意，博取用户的同情。这些行为将导致企业面临道德层面的风险，以及经营效益和信誉的损失，严重时还会受到法律的制裁。

（1）恶意炒作

炒作是公共关系与营销策略之间的一种巧妙结合，是以新闻报道的形式进行商品信息、品牌形象的传播，目的在于提高企业知名度和美誉度，最后达到促进商品销售或塑造企业品牌的目的。

炒作的核心是新闻事件而不是广告语言，也就是说，炒作首先要有新闻，通过强化新闻要素，使商业事件成为适合媒体运用的新闻材料，从而在不知不觉中影响用户，让用户在了解新闻的同时接受某种商业信息。

新闻炒作的前提是依据真实的新闻事件引起用户的注意，而不是一味通过软文来发布缺乏新闻要素的"新闻"，通过恶意炒作引起公众的围观是不道德的。

（2）内容不当

软文营销要讲道德，任何企业都不能发布违背社会良俗的文章。特别是内衣行业、游戏产业等，一定要把握好尺度，讲求内容品质，注重传播正能量，从而吸引更多的用户浏览阅读。

在软文营销中，企业要积极防范道德风险，防止给社会造成不良影响，要注意培养自我防范道德风险的意识，弘扬诚信经营，引导用户理性消费，为树立良好的道德风尚贡献力量。

素养课堂

"人无德不立，品德是为人之本"。软文营销从业人员要自觉践行社会主义核心价值观，自觉用中华优秀传统文化、社会主义先进文化培根铸魂、启智润心，加强道德修养，明辨是非曲直，增强自我定力，矢志追求更有高度、更有境界、更有品位的人生。

3. 法律风险与防范

软文营销中常见的法律风险包括侵犯他人的著作权、肖像权、名誉权及不正当竞争等。无论是企业还是软文营销团队，都应该注意防范并规避这些风险。

（1）著作权侵权风险

著作权又称为版权，是指自然人、法人或者其他组织对文学、艺术和科学作品享有的人身权利、财产权利和其他权利的总称。著作权主要包括财产权利和人身权利，财产权利具体包括复制权、发行权、出租权、展览权、表演权、放映权、广播权、信息网络传播权、摄制权、改编权、翻译权、汇编权等；人身权利具体包括发表权、署名权、修改权、保护作品完整权等。

企业或软文营销团队在防范著作权侵权风险方面应注意，在软文中使用原创或经授权的作品，如他人文字、摄影作品时，应注意使用已签订供稿、供图协议的作品，或他人已经明示授权使用的作品，不能随意转载网上来源不明的作品。文案人员也可以建立自己的图片库或资料库，创作原创作品进行软文营销。

知识链接

以下几种情况不存在著作权侵权风险。

（1）为个人学习、研究或者欣赏，使用他人已经发表的作品。

（2）国家机关为执行公务在合理范围内使用已经发表的作品。

（3）为介绍、评论某一作品或说明某一问题，在作品中适当引用他人已经发表的作品。

（4）为报道事件新闻，在报纸、期刊、广播电台、电视台等媒体中不可避免地再现或者引用已经发表的作品。

（5）报纸、期刊、广播电台、电视台等媒体刊登或者播放其他报纸、期刊、广播电台、电视台等媒体已经发表的关于政治、经济、宗教问题的时事性文章，但著作权人声明不许刊登、播放的除外。

（2）肖像权侵权风险

肖像权是指自然人以在自己的肖像上所体现的人格利益为内容，享有的制作、使用、公开以及许可他人使用自己肖像的具体人格权。肖像权包括公民有权拥有自己的肖像，拥有对肖像的制作专有权和使用专有权，公民有权禁止他人非法使用自己的肖像权或对肖像权进行损害、玷污。

常见的侵犯公民肖像权的行为有未经本人同意、以营利为目的使用他人肖像做商业广告、商标、商品装潢、橱窗装饰及书刊封面等。除此之外，恶意毁损、玷污、丑化公民的肖像，或利用公民肖像进行人身攻击等，也属于侵犯肖像权的行为。

在软文营销中，常见的侵犯肖像权的情况是由软文中使用肖像配图引起的。因此，软文中应尽可能避免使用肖像配图；如果一定要使用，可以考虑以新闻报道的形式出现。此外，软文中的内容表述必须是正面积极的，有利于塑造肖像所有人良好的社会形象。

（3）名誉权侵权风险

名誉权是指自然人、法人或非法人组织依法享有的维护其所获得的社会公正评价并排斥他人侵害的权利。名誉权主要表现为名誉利益支配权和名誉维护权。

在软文营销过程中，常见的对名誉权的侵害主要表现为诽谤和散布有损他人名誉的虚假消息，通过制造谣言以达到吸引广大用户关注的目的。例如，虚构某种事实，诬陷某企业的商品质量低劣，企图用不正当的竞争手段搞垮对方等，这些都是侵害名誉权的行为。

在软文营销中，企业须做好名誉权侵权风险防范，文案人员要注意以下几点。

① 使用他人姓名或者影射他人的软文，如有侮辱、诽谤的情况，有可能造成侵权。在软文营销中使用他人真实姓名，或者虽未写明人物的真实姓名，但对人物特征的描写有明显的指向或者影射，内容存在侮辱、诽谤情节，致使他人名誉受到损害的，则构成对他人名誉权的侵权。

② 软文标题侵权风险。文案人员不但要确保正文内容真实客观，也要保证标题不能侵权。如果某软文标题侵犯他人的名誉权，基于软文标题和正文形式上的分离，该软文仍会被认定为名誉侵权。

③ 对商品或服务质量的批评和评论不构成侵权。消费者对生产者、经营者、销售者的商品或服务质量进行批评、评论，内容基本属实，不应当认定为侵害他人名誉权。但借机诽谤、诋毁，损害其名誉的，则会被认定为侵害名誉权。

（4）不正当竞争风险

不正当竞争是指经营者以及其他相关市场参与者采取违反平等、公平、诚实守信等公认的商业道德的手段去争取交易机会或者破坏他人的竞争优势，损害消费者和其他经营者的合法权益，扰乱社会经济秩序的行为。

不正当竞争的表现形式多种多样，在软文营销过程中，文案人员要注意以下几种情况可能会构成不正当竞争侵权的行为。

① 虚假宣传行为。对商品的质量、成分、性能、用途、有效期限、产地等方面做出让人误解的虚假宣传。

② 侵犯商业秘密行为。披露、使用或者允许他人使用其通过不正当手段所掌握的商业秘密。商业秘密是指不为公众所知悉、能为权利人带来经济利益、具有实用性并经权利人采取保密措施的技术和经营信息。

③ 诋毁商誉行为。捏造、散布有损竞争对手的商业信誉、商品声誉的虚假信息，损害竞争对手的形象和利益。

无论是企业还是软文营销团队，都应该正视竞争的公平性，不要随意、恶意、无端攻击别人，否则也会给自己带来麻烦。企业应与时俱进，更新观念，恪守公平、诚信原则，以自身优质的商品与服务拓展市场，赢得更多用户的认可。

4. 投入风险与防范

做软文营销需要投入一定的资金，虽然软文营销的投入比其他营销方式少，但对企业来讲，有投入就有风险。企业做软文营销，如果没有提前做好调研和评估就贸然投资，很容易导致资金亏损。

软文营销团队对软文营销效果起着决定性的作用。如果只是软文撰写与推广工作，普通的营销策划人员就能完成，但是如果要将软文上升到企业营销的战略高度，就必须由有功底和眼界的专业团队来完成。企业可以根据自身实际情况组建软文营销团队，或者外聘专业软文营销团队，也可以委托第三方广告公司，将软文营销与其他营销组合。

> **知识链接**
>
> 目前，市场上软文营销的主要投入方式与特征如下。
>
> （1）中大型企业主要考虑软文营销的优化和提升。受市场因素影响，企业对软文营销的投入也会趋于保守，同时跟随终端消费者的购物习惯变化，将更多媒介资源转移到互联网上。
>
> （2）数字化营销趋势明显。由于电商平台之间竞争非常激烈，软文营销在移动端可以获得更多的投入，同时程序化购买趋势明显，越来越多的广告主对数据流的积累和分析使得数字化软文营销的需求不断提高。
>
> （3）整合发布渠道。企业应注重整合软文发布渠道，特别是电视与互联网的整合，通过选择组合式发布渠道，能够明显提升软文的营销效果。
>
> （4）软文营销当前仅是补充，未来需要有稳定的投入。软文营销更多是用来对整体营销进行补充和放大的，一般软文营销的预算并没有纳入媒体预算中。

1.3　文案工作岗位认知

文案工作岗位是一个专注于文字创作的职位，其核心职责是通过文字传达信息、表达思想，并引发目标用户的共鸣和行动。文案工作包括但不限于撰写广告文案、宣传资料、品牌故事、新闻稿、社交媒体内容等。

1.3.1　文案工作岗位的职责

在新媒体时代，文案工作不仅局限于文案创作与运营，还涉及市场调研、营销活动策划、广告宣传、新媒体运营、内容运营、美工设计与广告设计等相关的工作内容。文案人员不仅要有创作能力，还要配合其他人员进行商品或服务的宣传与营销。

文案人员的工作职责涵盖以下几个方面。

1. 内容创作

文案人员要根据项目需求构思并创作出具有吸引力和感染力的内容，撰写出各种类型的文案，如广告文案、商品描述、品牌故事、新闻稿、社交媒体内容等。

2. 市场调研与分析

文案人员需进行市场调研，了解目标用户的需求、喜好，为文案创作提供有力支持；分析竞品文案，提取其优点并融入自己的文案创作中，以提高文案的竞争力。

3. 文字编辑与校对

文案人员要对已完成的文案进行仔细编辑和校对，确保内容准确、文字流畅、无错别字和语法错误等，同时优化文案结构，提升文案的可读性。

4. 品牌传播与维护

文案人员负责通过文案传播品牌形象和价值，提升品牌的影响力、知名度与美誉度。文案要体现品牌的独特性和核心竞争力。同时，文案人员还要及时处理与品牌相关的负面信息，通过文案进行危机公关，维护品牌形象。

5. 项目管理与执行

文案人员负责制定文案创作计划，合理安排时间和资源，确保文案按时交付。另外，文案人员还要对文案效果进行评估，收集用户反馈，为后续文案创作提供参考和改进方向。

6. 团队沟通与协作

文案人员要与团队成员、客户或上级领导保持密切沟通，明确文案创作需求、目标，并参与文案创作讨论，提供文案方面的专业建议，协助团队完成文案创作任务；还要与设计师、策划等其他部门人员协作，确保文案内容与视觉设计、活动策划等相协调。

7. 遵守规定与保密

文案人员要严格遵守企业的规定与制度，以及国家相关法律法规，确保文案内容合法合规；另外，还要对企业机密和客户信息严格保密，不得泄露给任何未经授权的人员。

除此之外，文案人员平时要密切关注行业动态和趋势，不断学习新的文案创作方法和技巧，提升自己的专业水平，还要积极参与内部培训与外部研讨会，拓宽视野，增强自身综合素质。

1.3.2　文案人员的必备能力

一名优秀的文案人员需要具备以下能力。

1. 写作能力

文案人员须具备较强的写作能力，能够保证文案语法正确，逻辑性较强，能选择、把控合适的文章风格，做到语言文字的多样化运用；能够按照具体要求撰写文案，善用图片（包括 GIF 图片）、音乐、视频、超链接等元素，确保内容易于理解且具有吸引力，能够满足不同用户的需求。

2. 理解能力

文案人员须具备良好的理解能力，能够洞悉消费者心理，理解不同用户群体的需求与偏好，创作出能够引发共鸣的文案；文案人员需要理解品牌传递的理念，可以通过分析不同品牌的形象、内涵与广告语，不断提升自己的品牌意识。

3. 创意思维能力

文案人员须具备创意思维能力，能够构思出新颖、独特的文案创意。优秀的创意能够有效传达经营理念、商品信息，让人耳目一新。文案人员要善于从多角度出发思考问题，深入挖掘品牌或商品的差异化特点，有意识地培养和训练自己的创意思维。

4. 营销能力

文案人员须具备营销能力，能够将文案与商品销售、品牌推广相结合，创作出吸引关注、引发共鸣的文案，使商品和品牌在众多竞争者中脱颖而出。

5. 学习能力

文案写作是个不断积累与学习的过程。文案人员要有较强的学习能力，密切关注行业动态和发展趋势，积累经验，学习新的文案创作方法和技能，推陈出新，创作出更多优秀的文案作品，以适应不断变化的市场和受众群体的需求。

6. 应变能力

文案人员要有灵活的应变能力，能够在紧急情况下迅速调整文案写作策略与内容。例如，当客户或上级突然提出修改要求，或者市场出现变化或发生突发事件时，文案人员需要迅速调整思路，对已有文案进行必要的修改和补充，确保内容满足新的需求。

课堂实训：分析软文营销的优势与作用

1. 实训背景

2024 年，华为手机推出新品华为 Pura 70，并利用软文形式对其进行宣传推广。其中一篇新媒体软文《P70 没了，华为这次太狠了》从标题上就先声夺人，其内文传达了华为手机 P 系列全新升级，华为正式进入双旗舰时代的重要信息。该软文从华为官方微博宣传、品牌升级、出货量上升等角度，向外界释放华为将继续锐意进取，迎接未来挑战的信号。

2. 实训要求

请同学们搜集华为 Pura 70 的相关软文，阅读之后分析讨论软文营销对华为 Pura 70 营销的作用。

3. 实训思路

（1）搜集软文

请同学们在网络上搜集有关华为 Pura 70 的软文，并阅读这些软文。

（2）阅读并讨论

阅读软文之后，请同学们总结这些软文的类型，并根据社交媒体上的热度，分析软文营销对华为 Pura 70 营销的作用。

课后思考

1. 简述软文的特点。
2. 简述软文营销的常见误区。
3. 简述文案人员的岗位职责。

第2章

软文内容策划

为了取得软文营销的成功，内容创意策划至关重要。内容创意策划可以帮助文案人员明确目标、定位受众、规划内容、整合资源、激发创意、预测效果以及促进团队协作，确保软文的质量和效果，使其能够更有效地达到预期的营销和品牌推广目标。

学习目标

➢ 了解软文写作前的准备工作。
➢ 掌握软文营销的内容创意。
➢ 掌握软文营销的方式。

素养目标

➢ 增强创新意识，培养创意思维，形成以创新为立足点的软文策划与写作观。
➢ 培养故事思维，讲求内容生动、有趣，避免刻板、严肃地讲道理。

案例导入　国货品牌优时颜，借《玫瑰的故事》创意联名营销

2024年6月初，热播剧《玫瑰的故事》受到众多网友的支持与喜爱，它的剧情跌宕起伏，引发网友在各平台上的热烈讨论。我国美妆品牌优时颜的广告策划者抓住此契机，借势剧集热度，展开了一场联名营销。

《玫瑰的故事》讲述了主角黄亦玫凭借坚韧与毅力，实现自我成长的故事。随着剧集播出，优时颜在抖音发布了多条与联名相关的内容（见图2-1），不断强调品牌致力于"像玫瑰一样，挣脱引力、明媚绽放"的产品研发主张。同时，通过展现"她力量"强化品牌价值观，吸引更多女性用户关注。

品牌倡导的理念与剧中塑造的女主角的形象非常契合，广告策划者借此事件进行广告创意策划，通过多渠道进行软文营销，赢得很多消费者的关注与喜爱。

无论是微信软文（见图2-2）还是短视频、小红书"种草"笔记等，优时颜"像玫瑰一样，挣脱引力，明媚绽放"的主张让众多消费者感知到其与《玫瑰的故事》有高度的相似点和匹配点。

图 2-1　抖音联名短视频

图 2-2　微信软文

此次联名是想通过黄亦玫的人生，让用户感知女性的坚韧与毅力、面对生活的勇气与果敢。

优时颜此次与《玫瑰的故事》联名，不只提升了品牌知名度，更是在消费者的心智账户上存储了一笔无形资产。

2.1 软文写作准备

"凡事预则立,不预则废。"文案人员在撰写软文之前要做好充分的准备工作,不仅要对市场环境、竞争对手进行调研分析,还要对自身商品、目标受众进行针对性分析,做好内容定位,进行整体创作构思,选择恰当的软文营销方式,这样才能撰写出具有吸引力的优质营销软文。

2.1.1 实施市场调研

市场调研是软文营销的基础,只有经过市场调研,文案人员才能确保软文撰写方向正确,才能让软文更加精准地触达目标用户,最终达到预期的营销效果。

市场调研是指运用科学的方法,有目的、有计划地收集、整理、分析相关市场的各种情报、信息和资料。市场调研是企业进行经营决策和营销策划的基础和依据,对企业商品或品牌的推广来讲非常重要。

1. 市场调研的内容

市场调研的目的是分析市场环境、竞品和目标用户等,从中寻找和研究潜在需求,然后帮助企业更好地构思和规划商品定位与营销策略。市场调研的对象主要有市场环境、竞争对手等。

(1)市场环境。市场环境是指市场营销环境,即一切影响企业市场营销决策与执行的内部环境和外部环境的总和,既包括人口环境、经济环境、政治环境、法律环境、社会文化环境和科学技术环境等宏观市场环境,也包括企业的内部环境、各类资源的供应者、营销中介、消费者、竞争者、社会公众等微观市场环境。

(2)竞争对手。了解竞争对手,可以帮助企业了解可供选择的市场定位和竞争环境,发现市场机会和自身优势,了解市场威胁与挑战,指导战略制定与决策,提高决策的准确性和成功率。对竞争对手的调研主要包括以下几个方面。

- **商品**。通过判断竞争对手的商品在市场中的地位,从横向和纵向角度来分析商品的适销性和所占的市场份额。
- **销售**。分析竞争对手的销售情况,包括销售渠道和效率,以此推测其销售能力。
- **市场营销**。分析竞争对手的商品组合营销水平和新商品开发能力等。
- **资金**。分析竞争对手的资金结构、融资能力、现金流量和资金比率,以此判定对方的财务管理能力。
- **组织管理**。竞争对手的企业组织管理能力可以体现在组织人员的素质,传递消息的效率,以及企业领导者的管理能力和制定管理决策的专业性等。

2. 市场调研的方法

目前,市场调研的方法主要有以下几种。

(1)抽样调查法

抽样调查法即在整个样本中抽取一部分样本进行调查,然后通过推算得出结果的调查方法。这一方法又分为随机抽样调查和非随机抽样调查。

- **随机抽样调查**。又称为概率抽样调查,是指在整个样本中以随机的方法抽取一部分样本进行调查。通过这种方法选取的样本比较分散，总体中的每个个体都有被抽到的可能，所以得出的结果误差会比较小。企业可以采取简单随机抽样、分层抽样、系统自动抽样等方法。

- **非随机抽样调查**。这一调查方法是在不遵循随机原则的情况下，在总体样本中按照调查人员的主观感受或其他条件抽取部分样本进行调查的方法。这种方法的优点是省时、省力，但样本的代表性较差，调查结果误差较大。

（2）问卷调查法

问卷调查法即调查人员把要调查的内容做成问卷形式进行调查的方法，是一种比较实用且常见的调查方法。企业通过这种方法进行调查，可以基于被调查者的问卷答案而收集市场资料。问卷调查法的成本低，调查范围大，得出的结果较真实。

尽管问卷调查法具有诸多优势，但在具体实施过程中还应该注意以下几点。

- 调研应围绕调研目标设计问卷内容。
- 提出的问题要规范，语言表达要通俗易懂。
- 提问中切忌含有暗示性语言。
- 问题的顺序设计要合理，符合逻辑，一般遵循由浅入深的原则，例如，从一般性问题到特殊性问题，从接触性问题到实质性问题。

（3）典型调查法

典型调查法是以典型对象为调查目标，然后在得出的结果的基础上推算出一般结果的调查方法。这种方法的关键是选择的调研对象必须具有鲜明的特征，是基于一定的目的和标准特意选出来的。

企业调研人员要注意把握调研对象的典型程度，这样可以让调查结果更切合实际，通过仔细地观察商品的整个销售过程，可以更清楚地了解某些市场现象出现的真正原因，从而减少调研结果的误差。

（4）全面调查法

全面调查法是一种普查式调查方法，其调查结果更加全面而精准，但实施起来比较费时、费力。对市场营销而言，全面调查的对象是商品的所有目标消费者。

（5）访问调查法

访问调查法就是对调查对象进行直接询问并收集资料的一种调查方法。访问调查法又分为上门访问、电话访问和街头访问。

上门访问在资料收集的真实性和全面性方面较有保证，且这种收集方式还有详细的记录可供查询；电话访问更加方便、快捷，但通常无法实现深入的询问与调查，只能在常规问题上提供帮助；街头访问难度比较大，在实施过程中遭到拒绝的概率比较大，通常难以有效获取资料。

（6）文献调查法

随着互联网的发展和大数据技术的广泛应用，企业极易获取大量竞争企业及消费者的资料信息，这使得文献调查法的实施更加方便、快捷，也更加经济实用。

文献资料的来源主要有两种：企业内部资料和其他外部资料。企业内部资料是指企业自身所拥有的消费者资料、以往营销记录等；其他外部资料，即咨询公司、市场调查公司、网络等提供的资料和出版物中的资料，以及社会团体和组织提供的各种资料等。

3. 市场热点分析

在撰写软文前，进行市场热点分析非常必要。市场热点分析主要包括以下几步。

（1）确定目标受众

企业首先要明确目标受众，因为不同的目标受众会有不同的热点话题兴趣，通过了解目标受众，企业可以更好地确定他们正在关注的市场热点。

（2）监测趋势

企业可以利用各种工具和平台（如微博、抖音、快手等）监测流行趋势和热点话题，了解当前热门的软文内容与主题，找到潜在的热点话题和创作灵感。

（3）分析竞争对手

研究竞争对手发布的软文，分析他们讨论的热点话题，看哪些热点话题引起了用户的共鸣，这种方法可以帮助企业发现潜在的热点，从而优化软文内容。

（4）确定热点主题

根据上述步骤，企业可以总结和分析出一些潜在的热点主题，这些主题要与品牌或商品有关，并能够吸引目标受众。

2.1.2　构建用户画像

文案人员在实施软文营销前需要深入目标用户进行调查，了解其具体需求，并进行用户画像构建，在此基础上文案人员才能抓住其需求痛点，在设计软文内容时提出相应的解决方案，最终吸引目标用户，快速占领用户心智。

构建用户画像是在收集与分析用户的社会属性、行为习惯、偏好等主要信息后，对其进行标签化和结构化处理，形成不同的特征用户群，间接地发现用户的结构变动和信息需求变动，进而勾勒出一个用户群体的整体特征与轮廓的过程。

从技术角度来看，基于大数据平台的用户画像的构建大致分为以下 3 步。

1. 采集数据

用户画像的构建离不开大数据的支持，积累用户数据是构建用户画像的基础。构建用户画像需要的数据包括用户的属性数据、行为数据、偏好数据、消费数据等。

文案人员可以收集以上基础数据信息，再用这些基础数据推测未知的数据，从而更有效地针对用户的需求构思软文内容。

2. 制订标签

制订标签就是依据用户数据信息制订符合用户特征的标签，具体来说，是从用户信息中抽取可以精练概括用户特征或属性的一系列词汇，并基于原始数据进行统计、分析与预测，利用文本挖掘、自然语言处理、机器学习和聚类算法等大数据和人工智能技术，将具有一定属性和特征的用户归为一类，并对这些用户的数据进行分析，多维度地构建与用户相关的描述性标签，以利于软文营销平台对数据信息进行权重分析。

从数据提取维度来看，用户标签可以被分为 3 类。

（1）事实标签

事实标签是指直接从原始数据中提取的标签，如性别、年龄、住址、职业等。

（2）模型标签

模型标签是指对用户属性及行为的抽象和聚类，通过剖析用户基础数据，为用户贴上相应的总结概括性标签和指数，标签代表用户的兴趣、偏好、需求等，指数代表用户的兴趣程度、需求程度和购买概率等。

（3）预测标签

预测标签是指根据已有的事实数据和模型数据来预测用户在未来的行为或偏好，以挖掘用户的潜在需求。

3. 构建模型

在为用户制订标签后，文案人员可构建用户画像的模型。通过把具有共同行为特点、处于同一消费层次的用户划为同一类别，进而划分出核心用户、忠实用户、普通用户和潜在用户等类型，对这些用户进行分级管理，从而为用户提供有针对性的服务。

2.1.3 分析用户需求

在构思软文时，文案人员要分析用户需求，因为这是驱动用户阅读软文的原动力。

1. 发现用户需求

用户需求分为基本需求、痛点需求和利益需求。

（1）基本需求指用户在生活和工作中正在或者需要完成的事项，包括待完成的任务、需要解决的问题等。基本需求又可细分为：社会性需求（如获得能力提升）、情感性需求（如获得信任、安全感）、支持性需求（如获得称赞、夸奖）。

（2）痛点需求指对用户的生活或工作造成障碍或潜藏着风险，而亟须被解决的需求。例如，软文《吸收甲醛最厉害的4种绿植，养在家里全家健康，关键是还好养!》满足了刚入住新家且担心甲醛危害的用户群体的痛点需求。

（3）利益需求指用户对功能效用、社会效益和节省成本等方面的需求。要想让提供的利益使用户感到惊讶，利益描述得越具体，价值就越大。

发现用户需求后，文案人员还要对需求价值进行评估。需求价值包括需求的刚性、需求的频次和该需求的市场规模大小。在评估需求价值时，文案人员要结合场景将尽可能多的需求罗列出来，按照用户感知的重要程度、痛点的严重程度、达成收益的期待程度进行分级排序。

2. 挖掘用户需求

在实际的需求分析中，文案人员往往会遇到各种错综复杂的情况，其中大部分来源于用户需求的不确定。因此，文案人员要想撰写出优秀的软文，需要全方位挖掘用户的潜在需求。用户的有些需求很容易被发现，还有很多需求被隐藏得很深，文案人员需要认真观察生活，在生活中找到隐性需求的外在表现。

马斯洛需求层次理论在某些程度上可以为文案人员提供一些挖掘需求的方向。文案人员首先要识别某个需求处于哪个层次，然后深入挖掘用户的需求动机，进而构思软文内容来满足用户的需求。马斯洛将人类需求分为生理需求、安全需求、社交需求、尊重需求和自我实现需求。

（1）生理需求

生理需求是指维持自身生存的最基本需求，是促使人行动的强大动力，也是其他需求产生的基础。例如，人在饥饿时就会产生饮食需求，想尽快获得食物。软文《坚持自己做饭的上班族一周饮食安排分享》满足的就是用户生理需求中的饮食需求。

（2）安全需求

安全需求是指保障自身和资源的安全，免除恐惧、威胁和痛苦的需求，主要包括身体健康、人身安全、职业稳定、收入有保障、财产安全等。例如，软文《3 个饮食习惯，正在悄悄伤肝》很好地击中了人们对身体健康的安全需求心理。

（3）社交需求

社交需求也叫归属和爱的需求，当生理需求和安全需求得到基本满足以后，社交需求就成为人们的强烈动机。希望和人保持友谊，希望得到信任和友爱，渴望有所归属，成为群体的一员，这就是人的归属和爱的需求。例如，软文《最体面的人生：保持边界感》满足了用户的社交需求，教会人们如何在人际交往中与他人保持边界感，以更好地维系人际关系。

（4）尊重需求

尊重需求又分为内部尊重和外部尊重。内部尊重就是人的自尊，是指一个人希望在不同情境中有实力，充满信心，能独立自主。外部尊重是指人都希望自己有稳定的社会地位，希望个人的能力和成就得到社会的承认，希望受到别人的尊重、信赖和高度评价。例如，软文《最好的感情是遇事不责备》就体现出人都有被尊重的需求。

（5）自我实现需求

自我实现需求是指人希望最大限度地发挥自身潜能，不断完善自己，从而实现自身价值的需求。当自身价值得以实现后，人们通常会出现短暂的"高峰体验"。这种体验通常要在完成一件挑战性很强的事情后才能拥有。

对于不同层次的需求，用户关注的核心有很大差异，需求层次越低，用户对效率和成本的要求越高，更喜欢看得见、摸得到的有触感的产品；需求层次越高，用户对体验的要求越高，对精神产品、虚拟产品的需求越大。

2.1.4　明确内容定位

明确内容定位即确定软文能够为用户提供什么样的内容和功能。软文内容定位包括以下几点。

1. 明确内容发展方向

明确内容的发展方向是软文营销初始时期的工作，是做好内容定位的基础与重要步骤，具体分析如图 2-3 所示。

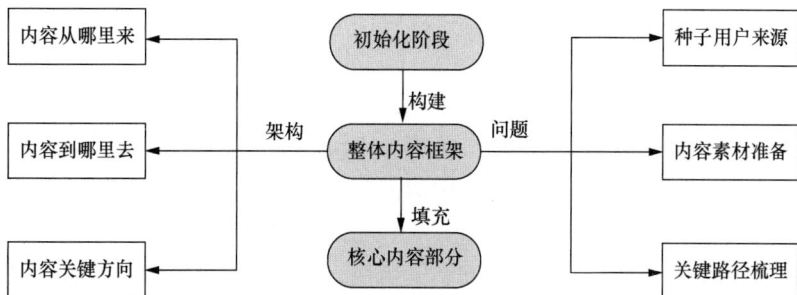

图 2-3　明确内容发展方向的具体分析

2．明确内容展示类型

在内容定位中，文案人员还应明确软文的内容展示类型，内容展示类型主要有以下几种。

（1）推出话题。推出最近发生的、人们特别关注的热点事件话题。

（2）用户动态。根据商品使用者提供的信息进行相关展示。

（3）模块推送。构建专门模块推送优质内容。

（4）媒体转发。在微信、微博等新媒体平台上对软文信息进行转发。

3．明确内容文字风格

在新媒体时代，营销渠道不同，营销内容不同，软文的文字风格也不同。软文的文字风格主要有以下几种。

（1）严谨式

新闻软文常使用严谨式的软文文字风格。新闻软文以新闻的形式从不同的角度传递企业经营理念、品牌理念以及商品特点。新闻软文的文风严谨、规范，内容真实、准确，具有明显的新闻报道的特征。企业在遇到重大事件，如要进行品牌宣传时，就可以考虑用严谨的文字风格撰写新闻软文。例如，软文《中国品牌日开幕！京企齐秀科创实力，小米 SU7 很亮眼》采用新闻报道的形式，用严谨的语句展示出小米 SU7 的诸多亮点，如图 2-4 所示。

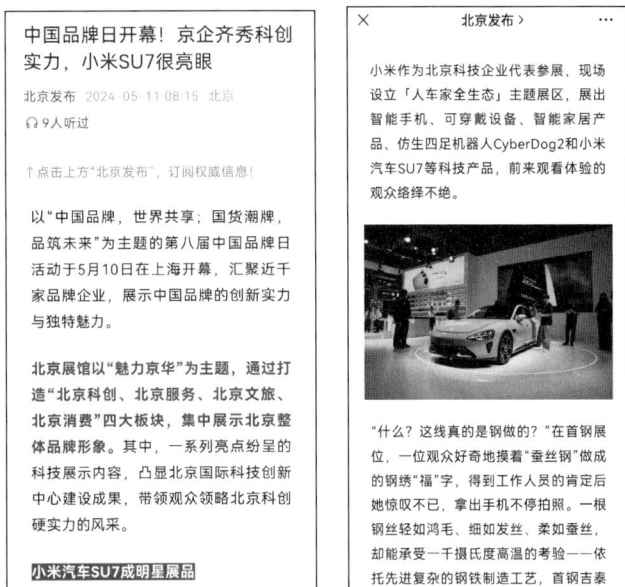

图 2-4　严谨式软文

（2）抒情式

抒情式软文常常让用户在阅读后印象深刻，难以忘怀，因为它可以让用户感受到温暖和浪漫的情怀。例如，软文《送你一杯春日特调》不仅在文章中巧妙宣传商品，还用抒情式的文字风格给软文增添情感色彩，激发了人们对大自然的热爱，如图 2-5 所示。

（3）幽默式

幽默式软文是新媒体软文比较常用的文字风格，很受大众的喜欢，可以让用户在轻松有趣的氛围中接受广告信息。这类软文文字诙谐、生动、有趣，常使用一些网络流行语。例如，软文《话糙理不糙的神反转搞笑句子》通过幽默搞笑的话语，以诙谐、有趣的方式告诉人们生活中的一些道理，如图 2-6 所示。

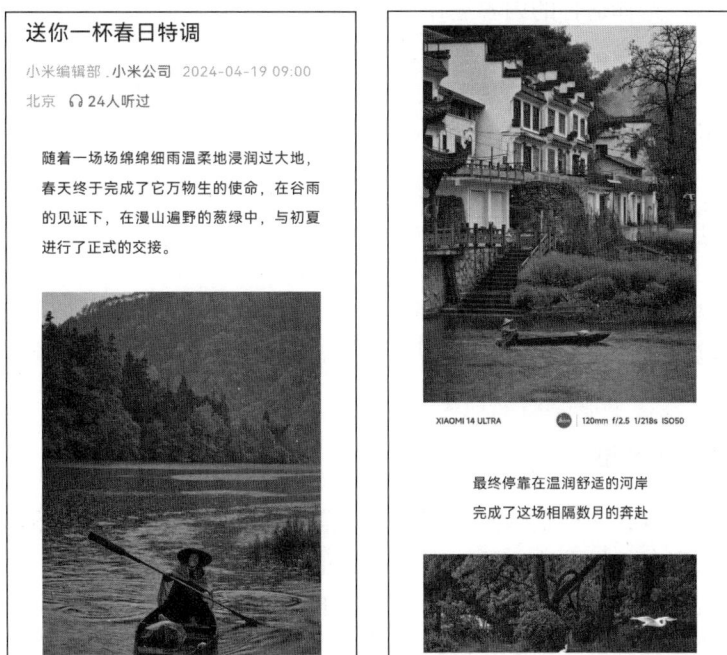

图 2-5　抒情式软文

图 2-6　幽默式软文

4. 明确内容互动方式

在软文营销阶段，文案人员需明确与用户的互动方式。如果企业保持与用户互动交流，则用户的接受能力更强，从而可以提高用户对品牌或商品的信任与支持，同时有利于软文的扩散传播。文案人员在明确内容互动方式时，须注意以下几个关键点。

（1）运作方式。选择适合的内容运作方式，做好用户运营。

（2）定时更新。在固定时间发布软文，培养用户的阅读习惯。

（3）信息互动。与用户保持信息上的互动，如回复评论、回答用户的问题等。

（4）自主创新。保持软文的原创性，少转发和借鉴别人的内容。

2.2 软文营销内容创意

软文营销的内容创意是吸引用户注意力、传递品牌信息、树立品牌形象的关键。文案人员要注意培养创意思维，学习创意方法，选择恰当的软文营销场景，撰写出优质的营销类软文。

2.2.1 软文创意思维

人通常有两种思维，一种是顺向思维，一种是逆向思维。顺向思维和逆向思维是相对而言的，顺向思维又称条件导向法，是从现有的条件出发，即条件决定结果。很多人在进行软文创作时都是围绕企业相关资料进行顺向思维创作。

而逆向思维则是强调首先确定目标，然后从目标出发，反向推演，步步链接——倒推软文主题和写作手法，链接可用的优质资源和方法手段等，最后撰写出别具一格的、新颖的、有吸引力的软文。逆向思维的核心是重点研究实现目标需要哪些条件和采取何种路径。因此，逆向思维是激发软文创意的重要方法之一。

逆向思维作为一种方法论，具有明显的工具意义。在软文创意过程中，逆向思维又可被细分为以下几种类型。

1. 方位逆向

方位逆向就是双方位置交换，使对方处于己方位置。通俗地讲，方位逆向运用在日常的软文创作中时，就是要文案人员和用户换位，和消费者换位。

学习方位逆向，关键在于4个字：设身处地。在方位逆向的实际应用中，文案人员需要真正站在用户的角度看待和分析事物，这样写出的软文更容易激发用户的共鸣。在软文实际创作中，这种换位可以多次使用，甚至可以反复逆向换位。

2. 属性逆向

事物的属性是多方面的，对于同一件事情，人们可以从不同的角度去观察，从多方位去理解。事物的属性、特征有很多，有些还可以相互转化。事物本身蕴含着极大的矛盾性。文案人员构思软文时也可以采用属性逆向思维，从多角度、全方位去观察，找到独特而新颖的切入点，进而去描述某个事物，阐明某种道理。

3. 因果逆向

因果逆向是指人们有意识地将事物之间的因果关系颠倒，试着由结果导出原因的一种思维方法。此方法的应用非常广泛，特别是在市场竞争激烈的当下，文案人员在构思软文时经常采用这一方法。

例如，加多宝推出的"对不起"文案。"对不起！是我们太笨，用了 17 年的时间才把中国的凉茶做成唯一可以比肩可口可乐的品牌。""对不起！是我们无能，卖凉茶可以，打官司不行。""对不起！是我们太自私，连续 6 年全国销量领先，没有帮助竞争队友修建工厂、完善渠道、快速成长……"这就是采用了因果逆向思维撰写出的文案。

4. 结构逆向

结构逆向是指人们从已有研究事物的逆向结构发展形势中去设想，以寻求解决问题的新途径的思维方式，一般可以从事物的结构位置、结构材料和结构类型等方面展开逆向思维。

例如，在传统的咖啡市场中，品牌众多，竞争激烈。消费者在选择咖啡时，往往被各种品牌和口味所困扰，难以做出决定。如何打破常规，吸引消费者的眼球，成为了众多咖啡品牌面临的一大难题。××咖啡在面临市场困境时没有选择随波逐流，而是运用结构逆向思维，寻找突破口。他们发现，传统的咖啡品牌大多注重产品的口感和品质，而在营销策略上相对保守，缺乏创新。因此，该咖啡品牌决定从营销策略入手，打破传统框架，以全新的视角重塑品牌形象。

首先，该品牌反其道而行之，它没有选择大张旗鼓地宣传产品口感和品质，而是将重点放在了消费者的情感体验上。他们推出了"一杯咖啡，一段故事"的主题活动，鼓励消费者分享自己与咖啡的故事，用情感连接消费者与品牌。

该品牌还打破常规定价策略，根据消费者的需求和购买力，推出了多种价格套餐。经过一系列的创新营销策略，该咖啡品牌成功"逆袭"，成为市场上的耀眼新星。他们的品牌知名度和美誉度大幅提升，销售额也实现了快速增长。

5. 状态逆向

状态逆向是指人们根据事物某一状态的相反方面来认识事物，从而引发创造发明的思维方法。事物一般都以其特有的状态而存在（如正与负、动与静、进与退、软与硬、刚与柔等），在一定条件下，改变其原有的状态可激发创新。状态逆向思维在软文营销中的运用，主要侧重于改变用户对品牌或产品的传统认知状态，从而引发他们的兴趣和购买欲望。

软文可以描述一个与常规相反的场景或情况，例如，强调产品的使用寿命很长，而非短暂的流行，或者突出产品的环保特性，而非仅仅追求功能或价格。软文可以提及产品的某些"非完美"之处，但紧接着解释这些"缺点"如何成为产品的独特卖点或优势。例如，一款手机可能不如其他手机轻薄，但它拥有更长的电池寿命。

6. 观念逆向

观念逆向是指人们要有与众不同的观念，即能对常人认可的一般观念进行逆向思考的一种思维方式。人们只有敢于否定前人的固化思维，拥有新思想、新观念，才能想出巧妙的新点子。

在很多场景中，人们对一个问题可以有两种截然相反的看法，从一个角度去看可能"山重水复疑无路"，转换观念再看，即"柳暗花明又一村"。文案人员在构思软文时，要善于转换观念，构思出新颖的内容。

创新能力在很大程度上依赖于人们的观念与思维转换。文案人员在生活中要学会用否定的视角来看待事件与问题，所谓"视角一变，别有洞天"，只有这样才会不断推陈出新。

当然，文案人员在软文创作中还要结合多种思维方法，如发散思维、聚合思维、纵向思维、横向思维等，灵活运用多种思维方法进行软文内容构思。

2.2.2　软文创意方法

软文创意是软文营销的基础，其内容涉及的知识面广泛，文案人员在进行软文创意时可采用以下方法。

1. 追溯历史法

文案人员要善于追根溯源，任何企业都有成立和运行的时代背景故事，这是品牌策划、软文撰写创意的源泉。企业创始者的创业历程、与商品相关的历史故事，以及企业所在地的历史人物传奇等，都是打开软文撰写思路的宝贵素材。例如，零售界的沃尔玛是从一个小小的杂货铺起步发展起来的；施华洛世奇的每款水晶饰品都蕴含着一个神秘而感人的故事；中国名酒茅台是因产地而得名的等。

因为有了故事，品牌就有了温度，不再是单纯的商业符号，而是值得人们倾听、欣赏的对象。无论是品牌的营销、媒体的推广，还是投资的吸引、企业的管理，其佼佼者都善于追根溯源，讲述故事。他们通过生动、有趣的故事捕获人们的心。

在撰写软文时，文案人员可以通过人物、情节和冲突来构建故事，将品牌或商品等元素融入故事中，吸引用户的注意，促使他们产生情感共鸣。

2. 实力展示法

文案人员可以通过软文展示企业实力。例如，企业与其他知名企业达成了战略合作；企业引进先进的技术设备，聘请高科技人才或知名管理者等；企业举办新品发布会与企业日常管理等都可以通过软文传达给用户。

围绕这些事情撰写软文，并发布在新媒体平台上，让用户看到企业的实力，提升品牌的知名度与影响力，促使用户选择企业生产的商品。例如，展示华为企业实力的软文有《华为的"学习型组织"是如何炼成的？》《华为，最新业绩发布！》《全球首发！华为新机官宣：全品曝光，5月15日，正式发布！》等，如图2-7所示。

图2-7　展示华为实力的软文

3．事件营销法

事件营销法主要是指制造或借助具有新闻价值的事件，在这一事件广泛传播的过程中，让更多的消费者通过软文了解品牌或商品，从而达到广而告之的效果。

文案人员在撰写软文时可以进行借势营销，即借助新闻事件、社会热点话题、热映影视剧等进行内容策划，以达到预期的营销效果。在互联网时代，文案人员要学会收集、整理信息资源，建立自己的素材库，借此构思软文内容。在新媒体平台，利用借势营销的手段可以让软文传播更迅速，营销效果更显著。

企业也可以自己制造事件，通过在媒体上发布软文进行传播推广。例如，可口可乐公司策划了各种各样的包装瓶，包括昵称瓶、歌词瓶、台词瓶等，次次营销都能击中人心，取得良好的营销效果。其相关软文《可口可乐｜关于瓶子的那些事》，如图 2-8 所示。

图 2-8　可口可乐公司事件营销类软文

4．热门评论法

评论是对新闻热点事件进行有逻辑、有观点的议论、评价，给社会公众以解释、梳理、启发、警示，从而起到引导作用。文案人员可以通过评论新闻热点事件来构思软文内容。评论讲究有的放矢、就事论理、有感而发，其立意贵在"准""新""深"。

"准"指评论的基本观点公正客观，切合实际，全面，恰当，合乎情理，这也是保证评论导向正确的必要条件。

"新"指的是见解独到，论点新颖，能给人们思想启迪，为其生活和工作提供启示。

"深"就是要把评论涉及的基本道理与核心论点分析透彻、论述透彻。

通过热门评论法撰写软文时，文案人员要将自己的观点娓娓道来，或者铿锵有力地表述事实，或者在别人的观点上补充自己的意见。

5．人物访谈法

人物访谈法主要是指从记者的角度采访企业高管，引出品牌的定位与优势，从而增强品牌的行业影响力的一种软文构思方法。文案人员撰写人物访谈类软文时，需要注意以下几点。

（1）主要展示采访对象所在企业的业绩，及其个人对行业的独到见解。

（2）文章可以采用一问一答的形式，也可以采用人物传记的形式。

（3）可以通过对某一事件的详细描述，放大采访对象的个人魅力和优势。

（4）展示采访对象的行业地位和影响力，以及下一步的计划、目标等。

6．公益活动法

公益活动能在最大程度上体现企业的价值观和企业文化精髓。公益活动带来的良好声誉能够在很大程度上支持企业在市场营销、广告传播及与各方合作等经营活动中所作出的承诺，使企业员工和商业合作伙伴都对其产生更大的认同及信赖，提高企业在多层面上的交易成功率，降低交易成本。

通过开展或参加社会公益活动，企业可以更好地寻求与社会公众的情感共鸣，加深社会各界对企业的认知，树立企业的良好社会形象，帮助其产品进入目标市场。

文案人员可以围绕企业组织、参与公益慈善等活动构思软文，使企业的名誉与信誉在无形中获得传播。

> **知识链接**
>
> 创意软文需要遵守以下原则。
>
> （1）讲求人文精神。讲求人文精神就是要在软文撰写时侧重对商品使用价值的挖掘和升华，将商品使用价值背后的消费者需求元素进行提炼整合，让人们接受软文所宣讲的价值观念，从而自然而然地选择商品或者服务。
>
> （2）注重细节。注重细节是一种态度，更是一种认真的体现，在软文营销过程中，文案人员要确保软文逻辑清晰，语句通顺，标点正确，数据真实，无错别字，细节完美，这样才能体现企业的用心。创意的角度不同，软文的落脚点也不同，但只有真实、准确和细腻的文字才是符合要求的。
>
> （3）客观公正。软文要想说服力强、有内涵，就需要保持客观公正，即可以从旁观者的角度对商品或企业进行客观、公正的评论。

2.2.3　软文选题类型

文案人员在撰写软文之前做好选题策划是非常重要的。常见的软文选题有两种类型，即常规选题和热点选题。

1．常规选题

常规选题即没有时效限制，具有普遍受众的选题。例如，"提高工作效率的方法"这类选题，无论经过多长时间，都会有人需要，也会有人愿意阅读。文案人员可以通过自己的经历来挖掘选题，其在日常生活、工作、学习中遇到的各类问题都可以成为选题素材。例如，软文《人民日报推荐：30 本提升你视野、眼界和格局的好书》《2024 年，如何提升工作效率？这四种方法要牢记！》，如图 2-9 所示。

图 2-9　常规软文选题

2. 热点选题

热点选题就是通过追踪热点确定的软文选题，这类选题具有较强的时效性。热点一般分为常规热点和突发热点。

（1）常规热点

常规热点即可预见的热点，多为大众熟知的一些信息，如国家法定节假日、大型赛事活动、热播影视剧、社会需求热点等。

常规热点具有以下特点：备受大众关注；发生的时间、持续的时长相对稳定；可以提前策划；市场上同质化内容较多，考验文案人员的创意。

（2）突发热点

突发热点是指无法预见的、突然发生的事件或活动。突发热点具有不可预测性、内容多样性、时效性强等特点，由于流量突然爆发，文案人员要在第一时间创作并发布软文，这样才更容易获得用户关注。在追踪热点时，要结合自身账号的定位和领域，选择与账号内容相关或契合的热点进行创作或报道。

在内容创作时，文案人员要避免简单地复制，要结合自身特色和创意进行创作，以吸引用户的注意力。同时，文案人员要遵守相关的法律法规和道德规范，避免触碰敏感话题或引发不必要的争议。

> **知识链接**
>
> 　　文案人员可以从各大资讯网站、社交平台、热门榜单中搜索热点，如微信公众号热门文章、微博热搜、知乎热门、百度热搜等，或者关注热门话题的热门评论，从中挖掘题材和故事。
>
> 　　文案人员遇到一个热点时，不应为了追求热点的及时性而马上以其为切入点来撰写软文，而应先对这个热点进行分析，判断该热点是否值得使用，是否符合自己的软文定位，以及自己要如何围绕该热点撰写软文。
>
> 　　通常来说，文案人员可以从热点的真实性、话题性、风险性、受众范围、相关度等维度来对热点进行分析。

2.2.4　软文营销场景

　　每篇软文的背后都有属于它的独特场景。文案人员往往给商品设定好一个与之相符的场景，然后将其融入其中，这种方式可以大大增加软文的可读性，提升软文的营销效果。软文营销场景包括以下几种。

1. 悬念式场景

　　设置悬念是充分利用用户对故事情节的关切和期待心理，巧设谜团，吸引用户读下去的创作手法。在软文创作时，设置悬念更多地表现为努力去营造非常态的动作与行为，或非常态的意识与发现，以吸引用户的注意力。当然，设置悬念要尽量做到巧妙、自然、合乎情理，不要给用户带来生搬硬套的感觉。

　　文案人员可以通过设疑、倒叙、隔断等表达方式来设置悬念。

　　（1）设疑。从文章开始就让用户感到疑惑，只有往下阅读才能逐步解开疑团。

　　（2）倒叙。先把用户感兴趣的内容说出来，再讲述前因。

　　（3）隔断。讲述过于复杂的事件时，当写到用户最关注的地方时，突然中断，改从其他的事情说起，这时用户还想着前面中断的地方，因此产生了悬念。

2. 情感式场景

　　随着社会的发展，人们购买商品时看重的不再只是商品的质量、价格等，更多的是寻求情感上的满足和心理上的认同，即所谓的感性消费。感性消费是消费者的一种情绪、情感消费，它是基于个人直观感性认识的一种消费形式。感性消费的人群一般会关注精神生活的内容和情感的需要，通常他们主要凭借个人主观感受进行消费。

　　文案人员在撰写软文时，不仅要在文章中推广商品，还要使内容富有感染力，能激发用户产生情感共鸣，这样才能使软文达到良好的营销效果。情感式软文的特点是以情感人，以情动人，能走进用户的内心，实现和用户的心灵对话，给用户留下深刻的印象。软文的情感切入点可以是亲情、友情、爱情等，利用情感特色走进用户的内心，吸引用户了解商品。

　　例如，软文《爱，是相遇瞬间的心动，也是时光温柔的印记》在讲述爱情故事时植入了珠宝饰品的营销信息，如图2-10所示。

图 2-10　情感式场景软文

3. 故事式场景

故事式场景就是在一篇娓娓道来的故事型软文中自然植入商品信息，让用户不知不觉地关注并了解品牌或商品，甚至产生购买行为。这种类型的软文一般不需要太长的篇幅，只要足够精彩，就能吸引用户阅读，并且让他们读得明白、记忆深刻，达到事半功倍的效果。

例如，《嘘，认真听！妈妈的车故事》是爱玛电动车的一篇故事型软文。这篇软文收集了一些用户的点滴回忆，这些回忆里都饱含着妈妈的爱，而电动车则是母爱的载体。

她把自己隐入烟火日常，全心守护你的天空。她把自己糅进日常陪伴，独留爱与温暖。

她曾惊艳时光，也会害怕变老。她是唯一一种以柔弱为名的伟大。

因为我们太羞涩于表达，所以这一天，爱为我们搭了一座台阶。

慢慢回想那些不注意的小细节，全都是爱的证明。

Part 01　爱是嗡嗡声

在我小时候，妈妈工作忙，经常加班到很晚，留给我们独处的时间很少。我每天最期待的就是妈妈接我放学。每天一放学，我就迫不及待地等在校门口，她总骑着那辆老式电动车，笑容满面地看着我。我一跳上车她就会给我戴上专属小头盔，那时候车子的嗡嗡声就是我们的秘密密码，让我觉得，无论发生什么，妈妈都会一直守在我身边。我真的好喜欢坐在妈妈的电动车后座，宁静又幸福。

Part 02　爱是夜里的一束光

我的老家是农村的，有一年五一我没买到合适的火车票，只好坐了深夜的车回家。凌晨2点，妈妈骑着她的小电摩来接我。小县城的火车站没多少人，老远就看到那盏亮亮的车灯。五一的深夜还有一点点凉，但那盏灯照得人心里暖乎乎的。

Part 03　爱是一起做一件事

去年刚入手了自己的第一辆电动车，想装饰一下。妈妈知道后高兴地说要和我一起。找参考、选材料、动手涂鸦，每个环节妈妈都乐在其中，看着五彩斑斓的车子，她说感觉自己都年轻了。长大之后跟妈妈同时认真做一件事情的机会不多，我知道妈妈只是想陪在我的身边。

Part 04 爱是骑行

今年 3 月，正是踏青的季节，所以一家人一起去春游。跟妈妈一人骑一辆电动车兜风，妈妈说："如果明年还能一块来骑就好了。"妈妈，不止明年，以后的每一年我们都一起出来骑车吧。

软文以"妈妈的车故事"为主题，通过收集用户的点滴回忆，展现了母爱的伟大与电动车作为母爱载体的独特意义。这种主题定位既贴近消费者的生活，又能够引发情感共鸣，提升品牌形象。

> **小技巧**
>
> 在撰写故事型软文时，可以把品牌故事的核心融入故事情节中，通过情节的转折和高潮吸引用户的注意力，使用户更好地了解品牌的价值和文化；在故事情节中，角色形象是很重要的，要塑造出具有吸引力的角色形象，让用户产生共鸣。

4. 促销式场景

文案人员可以在软文中营造一种促销式场景，吸引用户的注意，激发用户的购买欲，从而实现推广销售的目的。促销式场景是一种比较直白的营销推广方式。

软文的促销式场景一般分为两种形式，一种是纯文字，一种是"促销标签+图片"。

纯文字促销式场景的搭建主要依靠文字向用户推荐品牌或传递活动的内容、时间、地点等信息，如图 2-11 所示。

"促销标签+图片"的形式是指在商品的图片周围搭配一些促销标签，如"全场包邮""两件 8 折"等，促使消费者产生购买欲，如图 2-12 所示。

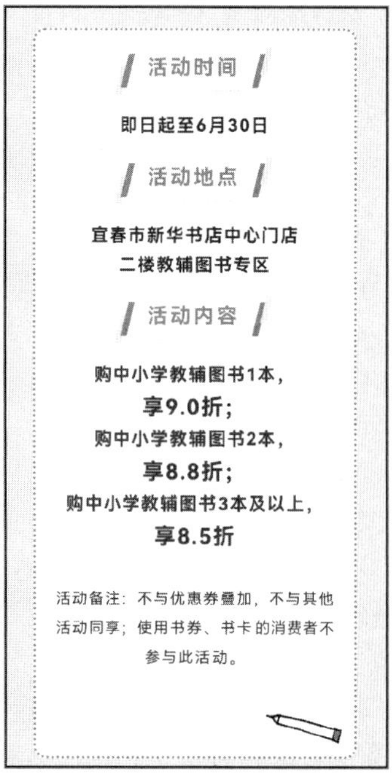

图 2-11 纯文字促销式场景软文

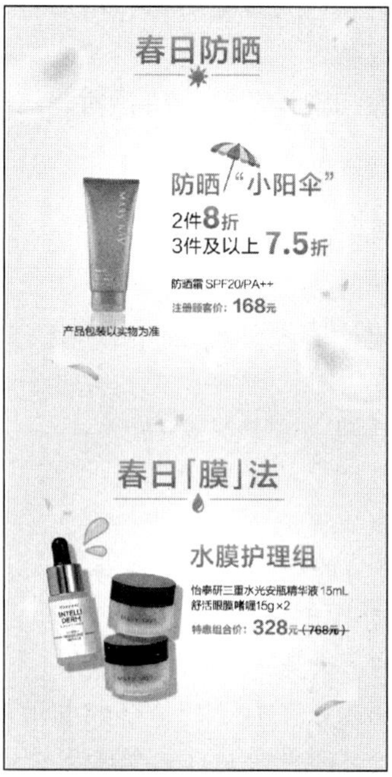

图 2-12 "促销标签+图片"促销式场景软文

2.3　软文营销方式

软文营销方式是指通过特定的文字内容和传播策略来推广产品或品牌的营销方式。软文营销方式多种多样,文案人员需要根据企业的实际情况进行选择。

2.3.1　找准痛点激发用户的购买欲

痛点就是用户因为某方面没有得到满足或没有达到原本的期望而引发的一种负面情绪,也可以说是用户对商品或服务的期望与现实不符而形成的一种心理落差。软文营销要抓住用户的痛点,通过帮助用户解决痛点问题来激发用户的消费欲望。

在撰写软文时,文案人员通过痛点激发用户购买欲的实施步骤如下。

(1)首先给用户制造一个愉悦的兴奋点。

(2)找准用户痛点,让用户产生不买就会后悔的情绪。

(3)利用心理落差的对比激发用户的购买欲,最终实现软文营销的目的。

企业在挖掘用户痛点时,可以从两个方面着手:一方面对自身和竞争对手有充分了解,做好差异化定位,通过细分市场寻找用户痛点;另一方面对目标用户有充分了解,深入挖掘其需求,掌握其购买心理,找准其痛点。

> **小技巧**
>
> 在市场营销中,用户的痛点主要体现在功能不满足需求、使用体验不佳、成本效益不匹配、情感与心理需求不满足、服务与支持不足、产品同质化严重等。文案人员可以根据实际情况,围绕这些方面确定用户痛点,构思软文内容。

2.3.2　构建应用场景助推购买行为

软文营销绝不是简单地堆砌文字,而是需要文案人员用文字构建一篇能带给用户画面感的文章,能够让用户边读文字边联想出一个个与生活息息相关的场景,这样才能更好地引起用户继续阅读的兴趣。

文案人员可以通过文字构建应用场景,把商品的功能用文字体现出来,但不是直接告诉用户这个商品是什么,而是让用户先了解它的属性、用途等。

这类软文能够助推用户产生购买行为。文案人员可以从两个方面出发构建场景:一方面是从特写角度出发,将特定场景中具有代表性和典型特征的情景集中、细致地突显出来;另一方面是从全景角度出发,较全面地写出特定场景的景象和气氛,勾勒出一幅完整的画面。

2.3.3　采用图文结合的方式增强说服力

软文营销采用图文结合的方式,可以使内容更生动,能够从视觉上吸引用户的注意力。图片可以是商品图、美丽风景图、可爱动物图,也可以是搞笑的表情包等。文案人员可以根据软文内容及营销商品选择合适的图片,将图片与文字搭配在一起,不仅可以增添趣味性,还能减少人们阅读的疲劳感,提高内容的说服力。

例如，软文《刚刚！华为 Pura 70 系列开售，摄像头能伸缩》采用了图文结合的方式介绍新机的外观、摄像头以及其他配置等，快速吸引人们的目光，传播迅速，达到了良好的营销效果，如图 2-13 所示。

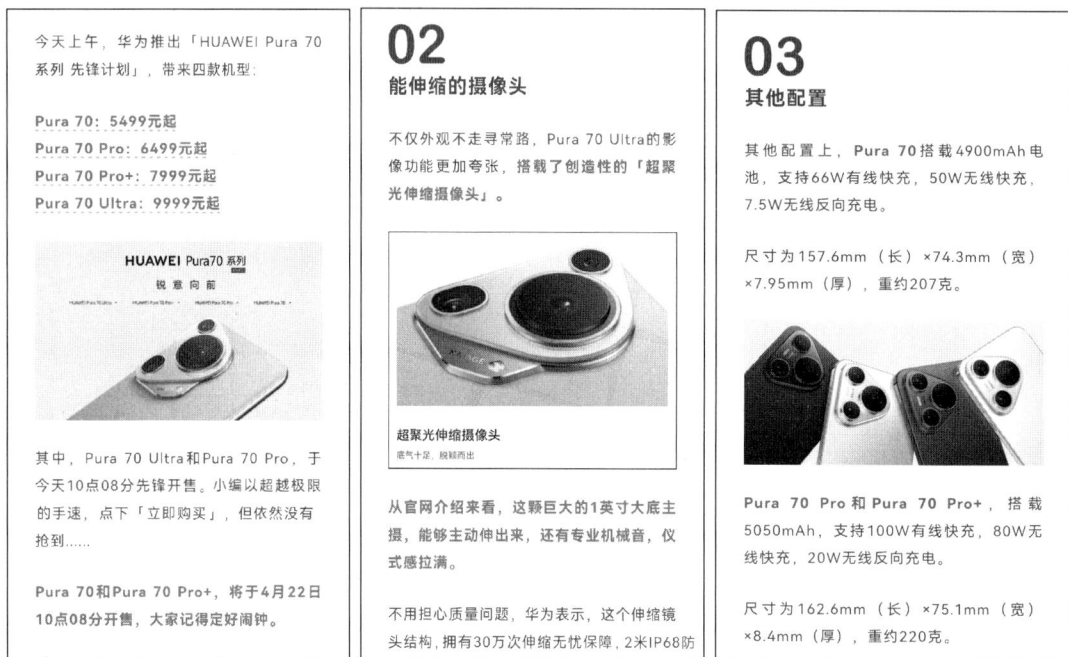

图 2-13　图文结合式软文

2.3.4　围绕趣味话题吸引用户兴趣

文案人员可以围绕趣味话题构思软文营销内容。在新媒体时代，如果能成功制造一个具有吸引力的话题，并将其拓展成为一篇软文，则该软文营销无疑会取得很大的成功。

在软文中插入有趣的话题，不仅能够吸引用户的阅读兴趣，还可能引发用户的热烈讨论与软文的广泛传播，此类软文一般阅读量与评论量都比较高，能够达到不错的营销效果。

例如，软文《霸王茶姬六周年，请天下茶友喝"亿"杯！》围绕品牌六周年庆，展开了猜口令赢免单等活动，其"#霸王茶姬 免单#""#霸王茶姬 口令#"等话题多次登上微博热搜，吸引了广大用户的关注与转发，提升了品牌知名度与商品销量。

2.3.5　突出商品卖点促成用户下单

软文的目的是营销，是促成交易、达成销售。在互联网时代，文案人员在撰写软文时必须具备互联网思维，在适时的情景下传达商品卖点，并清楚地表述商品的购买方式等。

在微信公众号运营中，企业常采用此种软文营销方式。例如，软文《重新爱上生活的 50 个理由》通过记录不同的街拍场景，突出小米 13 Ultra 手机强大的拍照功能，将手机卖点展现得淋漓尽致，激发了用户的购买欲望，引导用户点击文章最后的图片完成商品购买，如图 2-14 所示。

图 2-14　突出商品卖点的软文

2.3.6　利用口碑营销塑造品牌形象

口碑营销是一种基于企业品牌、商品或服务信息在目标群体中建立口碑，从而形成"辐射状"扩散的营销方式。简单来讲，口碑营销就是企业努力使消费者通过亲朋好友之间的交流将自己的品牌及商品信息传播开来的营销方式。

在软文营销中，文案人员可以将用户口碑融入软文中，从而引发目标用户对企业商品、服务及整体形象进行交流讨论，并鼓励他们向周围人群进行介绍和推荐，以增强品牌效应，树立品牌形象。

文案人员撰写此类软文时，需注意内容要生动有趣，便于传播和扩散，从而满足用户的某种需求，让用户感到满意。例如，软文《感恩回馈|格力的品质和服务，用户这样说！》开头简短阐述了格力东莞分部在东莞收获了一大批忠实粉丝，并在格力电器成立 30 周年之际开展以旧换新活动，收到了广大用户的热情投稿，以下是该软文中收录的部分用户与格力的故事：

01　麻涌镇 黄女士 空调使用年限：23 年

她这样说：格力一直是我非常信任的品牌，这么多年家里如果有空调的需要，就会想到格力，因为家里的第一台格力空调足足使用二十几年，到现在还是好好的，冷风吹出来还是一如既往的凉。家里现在有 4 台格力空调，另外 2 台也使用十几年了。

02　大岭山镇 欧阳先生 空调使用年限：17 年

他这样说：1998 年夏天，我买了一台格力 2 匹挂式空调机安装在客厅里，使用后感觉空调制冷快、噪声小。"好空调，格力造"的广告语已经深入人心。我认为国产品牌不比国外品牌差，认定以后买空调必须首选格力。我先后买了几台，到现在还是继续选择使用格力品牌（格力空气能热水器我也在 2010 年购买后使用至今），现在这台 2005 年购买的格力空调还在使用，质量很好。买空调，买格力！

03　谢岗镇　林先生　空调使用年限：15 年

他这样说：格力品牌是国产民族品牌，品质好，性价比高。所以，在我首次考虑装空调时就把格力空调放在首位，后来事实证明我的选择是正确的！空调正常使用了十几年从未维修。噪声小，制冷快，质量好，省心又省钱，非常感谢格力公司对产品质量把控的努力。

04　黄江镇　梁先生　空调使用年限：24 年

他这样说：1998 年，位于莞樟路公路旁的旧房子拆旧重建竣工，需要安装几台空调。我当年对比了几个品牌，最终选择了国货格力一拖二挂式空调，减少外机占用阳台空间，空调制冷效果至今良好，买后二十多年还能正常使用。

这篇软文通过真实用户的反馈，生动地展现了格力电器在品质和服务方面的卓越表现，以及用户对品牌的深厚信赖。

课堂实训：金典创意营销软文分析

1. 实训背景

金典是伊利旗下的一个高端牛奶品牌，诞生于 2006 年，自上市起就秉承"奉献高品质"的理念，致力于打造中国"高品质的天然牛奶"。金典提供自然健康的高品质产品，并倡导关爱、崇尚自然的生活方式。

金典品牌旗下的产品主要有金典纯牛奶、金典低脂奶等。金典奶属于有机奶，有机奶纯天然无污染，营养丰富，口感醇厚，让所有生活在现代都市中的人们，都能随时随地喝到天然优质的牛奶。

2. 实训要求

请同学们阅读以下 3 篇软文（微信公众号"金典 SATINE"发布的 3 篇软文，见图 2-15），分析其分别采用了哪种创意方式，属于哪种选题类型，以及运用了哪种营销方式。

图 2-15　微信公众号"金典 SATINE"的 3 篇软文

3. 实训思路

（1）搜集软文

请同学们使用手机关注公众号"金典 SATINE"，搜索以上 3 篇软文并进行浏览。

（2）思考分析

思考分析这 3 篇软文分别采用了哪种创意方式，属于哪种选题类型，以及运用了哪种营销方式。

（3）撰写成文

请同学们将分析结果写成文章，交给老师评阅。

课后思考

1. 简述软文的文字风格有哪几种。
2. 简述软文的创意方法。
3. 简述软文营销场景。

第3章

软文写作攻略

　　软文写作是软文营销的重要环节。只有撰写出完整的文章，才能在不同的平台发布，进而实现提升品牌知名度、促进产品销售的目的。软文写作包括标题拟定、开头写作、正文内容布局、结尾设计、排版设计等环节。新媒体时代强调"内容为王"，我们要学会站在用户的角度撰写出能够真正引发用户兴趣、共鸣和议论的文章。

学习目标

> ➤ 掌握软文写作的关键。
> ➤ 掌握软文关键词的设置方法。
> ➤ 掌握软文标题的写作要求和写作技巧。
> ➤ 掌握软文主体内容的撰写技巧。

素养目标

> ➤ 培养诚信意识，实事求是，不做"标题党"。
> ➤ 增强问题意识，聚焦实践中遇到的新问题，提出新的解决方案。

案例导入　小米汽车软文《一文了解小米汽车整车智能》

　　在小米汽车的发布会前期，小米公司发布了一篇关于小米汽车的介绍型软文《一文了解小米汽车整车智能》，这篇软文一方面让消费者全面了解了小米汽车，另一方面也为发布会做了铺垫和预热。

　　该软文一开始介绍了小米公司做汽车产品的时代背景和技术条件，然后分别从"小米智驾 Xiaomi Pilot 全系技术自研全系标配智能辅助驾驶""小米澎湃智能座舱基于小米澎湃 OS 符合操作直觉的交互框架""跨端智联底层打通手机、平板联动""大模型加持的「小爱同学」上车继承六大能力"等方面介绍了小米汽车的优势，最后以设问的方式设置了悬念，吸引用户的好奇心，促使用户关注即将到来的发布会。该文案内容为："智能化作为小米的专业，在继承集团技术能力的同时，又引入了哪些不一样的用户体验思考？更多信息，将在 3 月 28 日 19:00 全部为你揭晓。"

教学视频

小米汽车软文《一文了解小米汽车整车智能》

该软文采用了总结式标题，简洁明了，主题突出。正文采用了总分式结构，先概括，再分述，并在内文添加小标题，重点内容加粗字体，使得结构清晰，版面设计合理，图文搭配舒适美观，如图 3-1 所示。此软文受到众多爱车人士的关注，并得到用户的迅速传播扩散，浏览人数越来越多，最终取得了良好的营销效果。

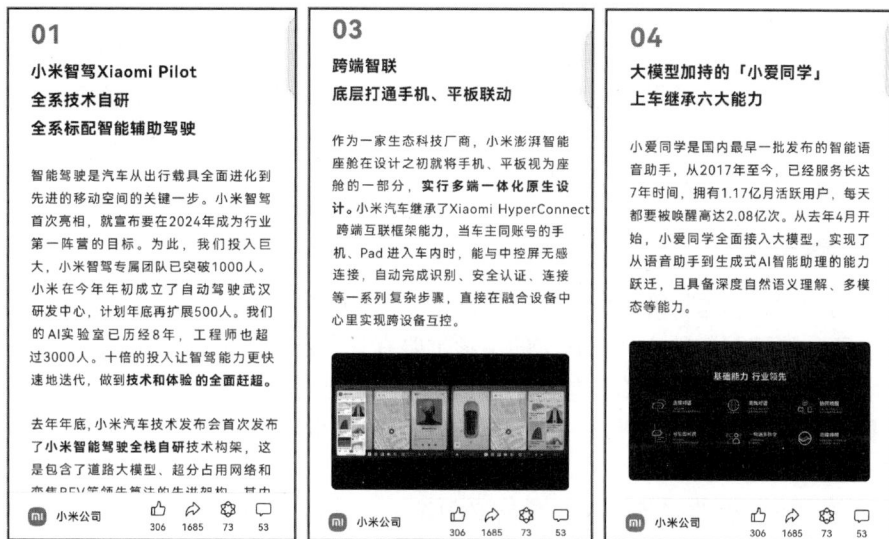

图 3-1　《一文了解小米汽车整车智能》

3.1　软文写作的关键

软文写作的关键在于巧妙地将商业信息或产品推广融入自然流畅的文章中，以吸引用户的眼球，激发用户的兴趣，促使用户参与互动并购买。

3.1.1　标题吸睛

一个好标题是整个软文的画龙点睛之处，可以吸引用户的注意力，并激发其阅读的兴趣，最终促使其打开软文进行阅读。撰写者应根据不同时期的网络流行语、热点话题、社会新闻等拟定具有吸引力的标题。

撰写者在拟定标题时可以运用以下技巧。

1. 形象具体

标题中的构成元素应形象具体，如精确到名字或直观的数据等，能够给用户留下深刻的印象。例如，"真人示范，3 步让基础穿搭升级""实用，这位短发女生的春夏穿搭可以一键照抄"等。

2. 激发好奇心

撰写者要了解目标用户的特征，掌握其心理需求，知道他们喜欢什么内容，根据这些信息来拟定能够激发他们好奇心的标题。例如，"为啥你喝一口咖啡就睡不着，他喝多少都没事？""为什么有些人不会好好说话？"等。要想激发用户的好奇心，撰写者在拟定标题时可采用夸张、对比、反问、设问等不同的形式描述某一事件或事物。

3. 具有倾向性

标题要有一定的倾向性，即软文标题要有和用户利益相关的字眼。具有某种利益倾向的标题能够吸引用户去了解与自己利益相关的内容。例如，"有了这个工具，工作效率提升不止一倍""揭秘夜钓秘籍，让你秒变钓鱼达人！"

4. 包含关键词

软文大多数是为了阐述某一商品的卖点，所以必须将商品的关键词巧妙地融入软文标题中。同时，为了防止软文标题相似度太高，在构思好软文标题之后，撰写者最好在搜索引擎检索一下，以防早已有相同或过度相似的标题，同时也可以看一看同类标题有什么可取之处，巧妙借鉴，使其更符合用户的搜索习惯。

3.1.2 主题突出

在软文写作中，主题是第一位，技巧是第二位。文章不论长短，都要围绕一个中心来写，因此撰写者要先厘清写作的主线。软文的主题主要有三种：品牌传播、增加销量、推广活动。软文撰写者要搞清楚主题是什么，想解决什么问题？问题的原因在哪里？重点、难点、焦点在哪里？如何去解决问题？有什么办法和措施？把这些问题研究清楚，软文的主题与重点也就明确了。

不管哪类文章，思路必须清晰，主旨必须统一，议题必须集中，观点必须鲜明，写作时一定要紧扣主题，不管内容长短，文章的结构都要紧凑，绝不能拖泥带水，并要注重内容质量。

撰写者要确保软文的内容有价值，能够解决用户的实际问题或满足他们的需求。提供有用的信息、见解或独特的观点，让用户在阅读过程中有所收获，这样的软文才具有社会传播意义。

3.1.3 说服力强

软文营销要想达成目标，软文必须具备较强的说服力，让用户相信软文所传播的价值，从而对软文中的品牌或商品产生好感，甚至立即行动，购买所推荐的商品。因此，增强说服力是软文写作的关键点之一。

软文撰写者可以从以下几点入手来增强软文的说服力。

1. 注意用户心理感受

撰写者可以从用户的心理感受出发，一步步攻陷其心理防线。

（1）给予安全感

安全感是人们渴望稳定、安全的心理需求。人都有趋利避害的心理，安全感是其最基本的心理需求，如果将商品的功能特性与安全感结合起来，就可以提升软文的说服力。

例如，软文《奶粉配方变了！3分钟搞明白：新国标和咱家宝宝有关的变化》详细介绍了新国标的变化，最后引入星飞帆奶粉，并说明该奶粉符合新国标，配方更科学，营养更充足，潜移默化地引导妈妈们放心选择，同时附上新客福利活动，吸引妈妈们购买。

（2）提供实用价值

不管消费者购买何种商品，其出发点都是为了能够解决某个问题。所以，如果能在软文中提及商品带给消费者的价值，就能极大地提升软文的宣传推广效果。

例如，软文《简单 4 步，让工作效率提高 50%》介绍了一本新书《掌控工作》中的高质量工作"四步法"。软文开头写道："为什么工作总是做不完？为什么时间总是不够用？为什么每周工作都会拖到下周？为什么每天最后下班的总是你？其实，很多人都被上述几个问题所困扰。无论你是学生还是上班族，你都会发现，明明每天都十分忙碌，甚至连喝水和上厕所的时间都没有，却还是感觉疲于奔命，总有干不完的工作，抓不住的时间。"软文在后面大篇幅介绍了提高工作效率的"四步法"，让用户在阅读后感觉非常有价值。

（3）激发支配感

人们都希望自己的生活由自己做主，渴望在很多场合施展自己的支配权利。这种支配感不仅是对自己生活的一种掌控感，也是对生活的信心。拥有支配感是人们一种隐含的需求，也是提升软文营销说服力的关键点。

例如，软文《收好这份露营装备清单，秒变露营达人！》激发了很多露营爱好者的支配感。

（4）营造归属感

归属感是指个人被别人或团体认可与接纳时的一种感受，通俗地讲就是人物标签，例如，你是哪类人，是成功人士、时尚青年，还是大学生。

每个标签下的群体都有一定特色的生活方式，他们的消费行为都表现出一定的亚文化特征，在软文中营造归属感能够说服用户购买某种商品或接受该软文传达的观点等。例如，软文《成功人士的 6 个习惯！》吸引了众多用户阅读，因为人们都想成为成功人士。

2. 语言文字表达

软文是以文字的形式呈现在用户面前的，因此，撰写者要注意语言的表达方式，否则容易引起用户的不适，影响软文的营销效果。撰写者需要注意软文的语言表达技巧，具体内容如下。

（1）表达某种观点时，能用具体数字的，就不用模糊的数据。例如，软文《多摄取这 3 种营养成分，对减重很有帮助！》的部分内容："这款奶酪蛋白质含量也非常高，每 100 克奶酪足有 19 克蛋白质含量，属于高蛋白质食物，而且它是 100% 原制奶酪，配料表的成分非常简单，仅有巴氏杀菌乳、食用盐、乳酸和凝乳酶，尤其是它用的是含乳量 98.5% 的巴氏杀菌乳，跟生牛乳相比更为安全。"

（2）软文中提到的时间也要具体、明确，这样能够带给用户真实感、紧迫感。例如，《2024 年 5 月 10 日，第八个中国品牌日如约而至》《2023 年 3 月 15 日上海樱花节即将于顾村公园开幕》等。

（3）在软文中引入第三方佐证时，第三方最好能够在网络上检索到，这样更能增加软文的真实性。软文《这 7 道运动测试题，你能做对几道？》提到："据《2020 年全民健身活动状况调查公报》显示，我国每周都参与运动的人数比例高达 67.5%，且目前大家最倾向于通过运动健身的方式来改善健康状况。"

3.1.4　传播性强

软文营销是否成功，其传播性是一个很重要的衡量标准。一篇传播性强的文章，其阅读量、转载量都很高，这些都能极大地提升软文的曝光率，增强软文的营销推广效果。

增强软文传播性的写作技巧主要有以下几点。

1. 话题有讨论性

通常越是有讨论性的内容，越容易引起人们的关注。在互联网时代，一篇能够引发人们讨论的文章，很快就能在支持方与反对方的持续讨论中成为热门文章。

例如，软文《又见下铺之争，火车下铺应该"共享"吗？》对火车卧铺车厢的下铺使用权问题，从网友、专家等角度做了解读，引起了人们的热议，该文章扩散速度快，传播力强。

2. 抓住实时热点

人们都有猎奇的心理，会不自觉地关注热点。因此，在撰写软文时，撰写者如果能够抓住实时热点的热度，就能在短时间内吸引大量流量，为软文的传播提供极大的便利。对于中考学子及家长来说，他们非常关心中考，在中考期间发布的软文《中考考前冲刺如何更高效》就迅速吸引了这部分受众的目光，增强了文章的传播力。

3. 插入感人故事

人都是有感情的高级动物，如果能在软文中插入一些感人的小故事，往往能收到不错的营销推广效果。企业在撰写故事性软文时，一般会根据自身的情况，选择不同的角度去描述和展现品牌或商品的特点，主要包括品牌创始人角度、企业员工角度、商品角度和用户角度等。

例如，软文《雷军：最后一次创业，为小米汽车而战！》中穿插了一些雷军创业中的经历与故事，吸引了很多人的关注，并激发他们产生情感共鸣。

3.1.5 布局合理

布局合理即要求软文在整体上能够带给用户视觉舒适感。布局合理主要涉及以下方面。

（1）文章排版清晰，合理设置小标题，从而突出重点，让用户阅读起来一目了然。

（2）图文搭配舒适美观。软文营销多采用图文结合的形式，因此，图文排版很重要。撰写者要注意图文版式一致，图文之间要有间距，这样能带给用户视觉舒适感。

（3）颜色搭配适宜，能够突出重点。色彩搭配包括图片色彩搭配和文字色彩搭配两方面。撰写者在选择图片时，应注意图片内容清晰，色彩饱和亮丽，符合文章主题。文字色彩选择应以简单、清晰为主，这样能够突出重点，给人一种美观、整齐、严谨的感觉。

3.2 设置关键词

关键词是指网络用户输入搜索引擎搜索框中的提示性文字或符号。关键词可以是一个字、一个词组或一个句子，也可以是一个数字、英文或其他符号。在新媒体时代，大部分用户会通过百度、小红书、微信或抖音顶部的搜索框来主动搜索自己所需的信息。因此，软文撰写者要设置恰当的关键词，便于软文被更多的用户搜索到，从而提升软文的营销效果。

3.2.1 关键词的类别

软文中的关键词可以是产品、服务、企业、品牌、网站等，可以有一个，也可以有多个。一般来说，软文的关键词主要有核心关键词、辅助关键词、长尾关键词、泛关键词等类型。

1. 核心关键词

核心关键词是指与企业品牌或产品息息相关的、用户搜索频率高的词汇。企业可以根据自身需求及软文投放的目标提取核心关键词，可以主要从营销目标、用户定位、市场环境等方面着手。企业的营销目标主要分为品牌推广、主营业务宣传、活动促销、市场公关等。从用户定位的角度出发，核心关键词的提取应以软文营销目标人群的兴趣爱好为依据。从市场环境的角度出发，核心关键词的提取应关注竞争企业的品牌名称或主营业务等。

例如，关键词"京东""京东商城""京东 6•18""京东自营手机""京东集团""京东高级管理"等，如图 3-2 所示。

图 3-2　核心关键词

2. 辅助关键词

辅助关键词也可称为"扩展关键词"或"相关关键词"，是指与核心关键词相关的解释、术语、名称等，是对核心关键词的扩展和补充。如核心关键词"手机"的辅助关键词可以是"商务手机""音乐手机""拍照手机"等。辅助关键词的数量可以有多个，其主要作用是通过辅助关键词的 SEO（Search Engine Optimization，搜索引擎优化），把对品牌或产品感兴趣的用户吸引过来。

辅助关键词的选择一般不需要考虑是否可以促成消费，只要与核心关键词相关即可。辅助关键词不仅可以是词语，也可以是短语。例如，核心关键词"AI"的辅助关键词可以是"AI时代""AI 功能""AI 扩图""AI 风口"，也可以是"什么是 AI""AI 到底是什么"等。

3. 长尾关键词

长尾关键词是对辅助关键词的扩展，一般比较长，可以由 2～3 个词组成，也可以是一个短句，存在于搜索内容页的标题或内容中。

平台大部分的搜索流量来自于长尾关键词，越是大中型和门户型网站，长尾关键词的流量占比越大。长尾关键词能给平台带来不错的流量，但长尾关键词的挖掘是一个比较烦琐的工作，需要长期去做。

4. 泛关键词

泛关键词是指经常被大量搜索的词语，通常指代一个行业或一个事物，如"房地产""服装""家居""日化""家电""汽车""互联网"等，如图3-3所示。这些关键词具有较为广泛的含义，是使用较多、搜索量较大的词语。因为这类关键词范围太广，在搜索这些关键词的用户中，可能仅有很小一部分是产品的目标用户。

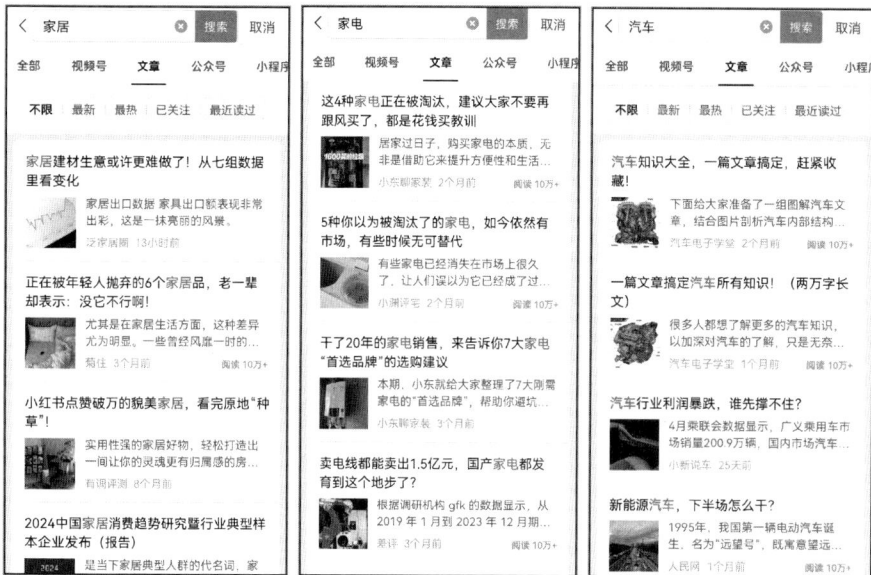

图 3-3　泛关键词

知识链接

关键词按其属性进行分类，还可分为通用关键词、时间关键词、产品关键词和竞品关键词。

（1）通用关键词，指行业中大家经常使用的词汇。例如，在教育行业中，通用关键词有"培训""学习"等。

（2）时间关键词，指与时间有关的关键词。例如，"最近""2018年""10月""上午8点"等，这类关键词能够体现时间上的联系。

（3）产品关键词，指与产品有关的关键词。例如，旅游行业中，与产品有关的关键词就有"一日游""暑期游""国内游""海外游"等。

（4）竞品关键词，指与竞争对手有关的关键词。例如，竞争对手品牌名、产品名等，如"蒙牛"与"伊利"、"淘宝"与"京东"、"雅迪"与"爱玛"等。

3.2.2　关键词的排名

关键词的排名是搜索引擎优化中的一个核心概念，它决定了网站或内容在搜索引擎结果页面中的显示顺序。一个高的关键词排名意味着更多的可见性和潜在的流量。

1. 关键词排名的类型

关键词排名通常分为自然排名和竞价排名两种类型。

（1）自然排名

关键词的自然排名是根据搜索引擎算法而获得的排列结果。当搜索某个关键词时，搜索引擎对与该关键词相关的网页分析的结果进行排列，然后把算法认为最符合（或内容最相关的）对该关键词解释的页面展示在最前的位置。

当然，这些都是在进行检索前就已经处理好的数据结果，搜索引擎只是对号入座地把每条数据展示在用户面前。

关键词的自然排名具有以下优点。

- 整体效果很明显，可以产生长尾效应。
- 费用低，与竞价排名相比费用会低很多。
- 不必再投入人力进行管理，因为不涉及点击费用。
- 更能展示企业实力。同样是排在第一页，如果用户发现目标网站不需要做竞价就能排在前面，就更能说明该企业具有更强的实力。

当然，自然排名也有一些不足之处。它需要一个较长的优化周期。并且，如果是利用 SEO 技术进行优化并且已经有人做竞价排名，那么自然排名的结果只能排在竞价排名的后面。

（2）竞价排名

竞价排名的主要特点是按用户点击量收费，做了竞价排名的关键词会出现在搜索结果中比较靠前的位置，如果没有被点击，则不收取费用。竞价排名是一种按效果付费的软文营销推广方式，用少量的投入就可以给企业带来大量的潜在目标用户，有效提高企业的商品销售额和品牌知名度。

竞价排名按照给企业带来的潜在目标用户访问数量计费，企业可以灵活控制网络推广投入，提高投入产出比。关键词的竞价排名具有以下优点。

- 见效快。充值后设置关键词价格，即可进入排名服务。
- 关键词数量无限制。可以在后台设置大量关键词进行推广，数量由用户自己定，没有任何限制。

当然，竞价排名也有一些不足之处，例如，恶意点击、无用点击会造成成本的增加，长期投入的费用较高等。

2. 关键词排名的优化

随着时代的发展，人们已经习惯了从互联网中搜索自己需要的资料，因为网络有丰富的信息和便捷的访问渠道，人们通过搜索引擎就能快速、准确地搜索到自己所需要的信息。在新媒体时代，网络营销已经成为企业营销的重要组成部分，网站不再是一个单纯地展示企业信息的平台，网站在搜索引擎中有好的排名，不仅会给一个网站带来极大的流量，同时可以促进商品销售。

对关键词排名进行优化的目的主要体现在以下几点。

（1）让搜索引擎上的潜在用户更容易找到企业网站，在详细了解后与企业进行合作交易，企业从中获得盈利。

（2）提高网站的曝光率，通过搜索引擎给网站带来更多的流量，以此来提高企业的业绩，吸引投资者，从而实现网络营销效益的最大化。

（3）通过增加搜索引擎的访问量来提高品牌的知名度和影响力。

（4）通过搜索引擎向用户推介产品或服务，以吸引更多的潜在用户。

百度推广是关键词排名营销中最有效的推广方式之一。百度推广是百度在国内首创的一种按效果付费的网络推广方式，简单便捷的网页操作即可给企业带来大量潜在客户，有效提高企业的知名度及销售额。

3.2.3 关键词的设置原则

撰写者可以通过分析用户以往使用过的关键词来推断用户的搜索意图、兴趣偏好和需求。例如，用户搜索"空调"，意味着该用户可能有购买空调的需求。而在搜索结果中，排名靠前的结果获得用户点击的可能性会更高，促成交易的可能性也会相应提高。因此，为了让软文获得更高的展出率及点击率，以达到更好的营销效果，撰写者要合理地设置关键词。

撰写者设置关键词要遵循以下基本原则。

1. 相关性原则

软文关键词要与品牌、产品及所在行业具有相关性。例如，服装店要做软文营销，其软文关键词应与款式、材质、季节及人们的年龄、性别、体型等内容相关，如"旗袍""纯棉衬衫""夏季西装""童装"等，而不应是"手机""节能""冰箱"等毫不相关的关键词。

2. 习惯性原则

撰写者要根据用户习惯使用的词汇设置关键词。我国不同地区、不同民族的人们有着自己独特的生活习惯，他们对同一事物的叫法也存在差异，例如，西红柿又叫番茄，软文撰写者要根据目标受众的特征、使用习惯合理地选择关键词。

3. 竞争性原则

撰写者不仅要了解目标受众的特征，还要了解同行及竞争对手网站的关键词及布局，掌握关键词的竞争热度。在软文中设置关键词时，要注意选择高热度、低竞争度的关键词。

热度是指关键词在网络中被用户搜索的次数和频率，而被搜索次数多、频率高的关键词可称为高热度关键词。竞争度是指用户搜索关键词时出现相关结果数量的多少，搜索结果多则其竞争度高，搜索结果少则其竞争度低。因此，设置高热度、低竞争度的关键词有利于提升软文的排名和曝光率。

4. 适宜性原则

软文中关键词出现的频率及密度应适宜。关键词出现的频率太低或密度太小会影响搜索效果，出现频率太高或太密则会影响用户的阅读体验。如果软文的字数不是很多，同一关键词一般不应出现超过 5 次。可以在文章的开头及结尾各植入关键词 1 次，正文部分自然地植入关键词 2～3 次。如果想更多地出现关键词，可以尝试用辅助关键词和长尾关键词来实现。

5. 匹配性原则

软文中设置的关键词要相互匹配。当软文标题与正文部分设置的关键词一致时，搜索引擎会抓取内容中与标题相同的关键词作为页面描述，如图 3-4 所示。此外，软文的关键词要符合企业长期的营销目标，这样有利于降低软文投放的营销成本，最大限度地发挥软文营销的作用。

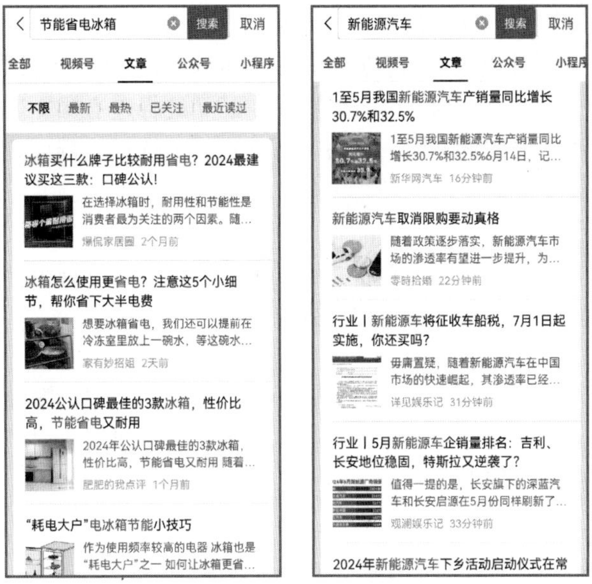

图 3-4　匹配性原则

3.2.4　关键词的设置方法

设置一个恰当的关键词，往往会给网站带来较大的浏览量和转化率，因此，撰写者要掌握关键词的设置方法。

1. 确定关键词

关键词通常是从软文标题、内容提要或正文中提取的，是能表达软文主题、具有实质意义的词语。关键词一般用来概括软文所涉及的某一个领域或几个领域。在撰写软文时，关键词的确定非常关键。

撰写者可以按照以下步骤来确定关键词。

（1）选择关键词

关键词是描述企业、品牌、商品及服务的词语，选择恰当的关键词是提高软文浏览量的第一步。选择关键词的一个重要技巧是选取大家经常搜索的关键词，此时需注意以下几点。

① 追求热门词语。撰写者可以直接在标题上套用热门词语，这样可以使日搜索量达万次。通常这样的关键词不是个人能做的，一般是专业团队在操作。

② 注意伪热门关键词。伪热门关键词通常是指人为刷出来的关键词，这类关键词在百度指数中刷到了日搜索量几万次，但是真实的搜索量只有几百次，而且这个关键词的搜索量只是暂时的，选择这样一个关键词意义不大。

③ 慎选冷门关键词。有些人认为冷门关键词是有搜索量的，但其真实的搜索量很低，撰写者在选择这类关键词时要慎重。

当然，关键词的选择还需要考虑最终目的，不能只考虑流量多少，要根据软文的主题来选择最合适的关键词。

（2）理解关键词

选择软文使用的关键词前，撰写者还需要了解普通大众是如何使用关键词进行搜索的，因为他们通常不是只使用一个词进行搜索，而是使用词组或短语进行搜索。

例如，用户想购买一件连衣裙时，搜索的关键词并不只是"连衣裙"，通常还会对这个关键词进行限定，如"春秋连衣裙""旗袍式连衣裙""纯棉连衣裙""2024 年流行连衣裙款式"等。只有了解了用户的搜索习惯，撰写者才能更好地选择关键词。

（3）处理关键词

处理关键词就是将选择的与企业、品牌、商品或服务相关的关键词进行排列和组合，组成常用的词组或短语。撰写者可以将多个关键词放在一起进行排列组合，形成新的关键词，从而进一步缩小搜索范围，达到事半功倍的效果。

（4）舍弃关键词

舍弃关键词是指将一些冷门或在网络搜索中很少用到的关键词删除掉，将关键词精练为更容易被搜索的词语。可以舍弃的关键词包括英文关键词、拼写错误的关键词、停用的关键词、用户不习惯使用的词语等。

2. 植入关键词

撰写者要选择合适的位置植入关键词。

（1）软文标题

软文标题中要植入关键词，因为用户接触软文首先看到的是标题，只有在显眼的位置曝光关键词，才能使用户在第一时间看到关键词，从而加深印象，即使接下来用户对其他内容不感兴趣而没有继续阅读软文，也会记住关键词。

（2）软文首段

软文首段和标题一样，对于搜索引擎来说，抓取的效果最好。因此，撰写者要考虑在软文的首段适度植入关键词。

（3）进行关键词拓展

在软文的正文部分，撰写者要积极进行关键词拓展，根据关键词的分类自然植入，不能将其随意地放进软文中。需要注意的是，关键词在植入时要自然通顺、简洁流畅，切忌太过冗长，以免适得其反。

（4）设置关键词属性

撰写者可以对软文标题或软文中的关键词更改字体和颜色、加粗、加下划线、倾斜等，使关键词更加凸显，这样对搜索引擎的收录更加有利，也更能吸引用户的注意力。

3. 布局关键词

关键词布局科学、合理才能有效提升软文的营销效果。布局关键词主要有以下几种方法。

（1）心得体会法

心得体会法是软文创作中常用的一种关键词布局方法。撰写者通过将一些体验或感受作为切入点，利用大众的认同感来寻找心灵上的共同点。例如，通过写"00 后"步入职场的感悟，"90 后"升级为父母后教育子女的心得，撰写者可以顺理成章地在文章中嵌入关键词，引起群体共鸣，在共同的体验和感受中自然过渡到相应的关键词上，以实现软文的营销推广效果。

（2）比较嵌入法

撰写者在撰写软文时可以用比较法，以用户的口吻比较竞品，分析其优缺点，然后把软文的重点潜移默化地转移到自己的产品上，由此加深用户对产品的印象，从而使用户产生购买产品的欲望。

（3）故事融入法

撰写者可以在故事中融入关键词，避免过分注重故事讲述而忽略软文关键词的引导。故事型软文应该紧紧围绕关键词本身来撰写，撰写故事就是为关键词做铺垫。

（4）日记型记录法

日记型记录法有些像心得体会法，主要是利用用户喜欢交流各种心得的心理特点模仿撰写一些相关的心情类文章、日记等。

3.3　拟定软文标题

标题是软文的灵魂，它不仅能够吸引用户的注意力，引发用户阅读的兴趣，还能传达主题信息，有助于企业塑造品牌形象，促进商品销售等。在撰写软文时，撰写者要精心设计标题，使其具有吸引力，能够准确传达信息，符合品牌形象，并能够促进销售转化。

3.3.1　标题的写作要求

对任何一篇软文来说，标题都起着十分重要的作用，标题的好坏直接影响软文的点击率和传播度。软文标题的价值在于第一时间抓住用户眼球，吸引用户阅读正文。软文标题的写作要求主要有以下几点。

1. 新颖有趣

现在很多人会在各个社交媒体中花费大量时间，因为他们热衷于追寻新鲜、有趣的内容，因此，有趣的标题更容易让他们产生阅读欲望。例如"一份春日听力小测试，答对一半就很厉害！"就吸引了很多用户点击文章进行测试。

又如"'旅游达人'等级测试（全国卷）"这则标题，喜欢旅游的人看到后会想点开测试一下。再如"一分钟职场沟通等级测试，看你是什么段位？"身在职场的人看到此标题大概率会愿意点进去测试一下。

2. 简洁明了

设计软文标题要注意简洁明了，字数不宜过多，若句子太长，难免给人一种拖沓、冗余的感觉，甚至会让人费解，不仅让人提不起对阅读内容的兴趣，还会引起反感。因此，软文标题要求简短精练，通俗明了，让人一目了然，这样更容易吸引用户的关注。

3. 文题相符

文章的标题与内容应保持高度一致性和密切相关性。一个好标题不仅能吸引用户的注意，还能准确传达文章的核心内容，激发用户的阅读兴趣。但如果标题与内容不符，就会导致用户的困惑与不满。因此，撰写者在撰写软文时，首先应明白软文的主题内容，并以此命题，这样可以确保软文标题与内容相符。

4. 突出亮点

标题应突出软文的亮点或独特之处，以吸引用户的注意力与兴趣，这样可以突出软文的主题、传达作者的观点、带给用户价值利益或提供独特的创意等，让用户对软文的正文产生好奇心。

5. 针对性强

软文的标题应具有较强的针对性，能够针对目标受众进行精准定位。撰写者需要提前了解并掌握目标受众的需求与兴趣点，使拟定出的标题更符合他们的阅读习惯和喜好，从而吸引目标受众的注意，促使他们阅读内容，进而实现软文的营销目的。

6. 真实准确

标题应真实、准确地传达软文的主题和内容，避免夸大或虚假宣传。撰写者拟定标题时，要实事求是，准确客观地反映软文的实际价值，切不可为了吸引点击率而夸大其词，虚假宣传，导致用户对软文产生不信任感。

7. SEO

撰写者在拟定软文标题时，需考虑 SEO。在设计标题时，撰写者要考虑添加关键词和短语，使其在搜索引擎中更容易被用户找到，从而提高软文的曝光度和点击率。

8. 表现手法多元

一个好标题应具有引人入胜的效果，能够激发用户产生阅读欲望。因此，撰写者在拟定标题时可以采用多种表现手法，例如，使用一些引人入胜的词汇、修辞手法或融入情感元素，以增强标题的吸引力。这个"内容为王"的时代提倡创意、创新，撰写者可以尝试采用新颖独特的词汇或句式，使标题更具个性和识别度。

素养课堂

在软文营销生态中，"标题党"只能一时博人眼球，并不利于企业的长久发展。因此，撰写者要精心拟定标题，遵守诚信原则，拒绝做"标题党"，莫让"标题党"污染网络生态。

3.3.2 标题的常见类型

标题的类型有很多种，软文营销中常见的标题类型主要有以下几种。

1. 悬念式标题

悬念式标题是指将文章中最能引起用户注意的内容，先在标题中设下伏笔，引发用户深思，激发用户的好奇心，从而吸引用户去阅读文章内容。例如，"为什么 AI 越先进，我们却越焦虑？""为什么现在酒店退房都不查房了？""亲人之间，这种关心要警惕"。

悬念式标题在软文营销中运用广泛，也非常受用户的欢迎。撰写者运用悬念式标题时，提出的问题要有吸引力，并且要提前将答案设置好，做到文章内容符合标题，能够给用户提供一个满意的阅读体验。

悬念式标题的写作技巧在于如何营造悬念效果，如果一个标题让人无法看清真相或事实，且让人浮想联翩，那么这样的标题便成功地营造了悬念效果。

2. 数字式标题

数字式标题是指在标题中体现具体的数据。撰写者在拟定标题时可以使用代表时间、数量、金钱的阿拉伯数字，这不但能引起用户的注意，还能更直观地强化用户的认知。数字式标题对用户具有视觉冲击效果，容易让用户产生惊讶之感，促使用户想要得知数字背后的内容。

例如，"7 种食物没有'保质期'，即便长时间存放也能食用，别再傻傻丢掉""女人 40 岁后，穿搭记住'三穿三不穿'，减龄时髦又高级"。

3. 新闻式标题

新闻式标题直截了当地告知用户新近发生的某些事实，可用于宣传企业上市新品或企业管理新举措等。新闻式标题一般是用新闻报道的口吻，直接介绍商品的某种特点或优势，具有一定的权威性。这样的标题不仅能够吸引用户的注意，还能获得用户的信赖，甚至获得二次传播。

例如，"全球首发！华为新机官宣：5 月 7 日，新品正式发布！""格力集团迎来新董事长"。

4. 号召式标题

号召式标题是指用鼓动性的词语、语句，号召人们迅速做出购买决定的软文标题。此类标题的文字要有力量，能起到暗示作用，且易读易记；可选择那些能够激发用户行动欲望的词汇，如"立即""现在""免费""直接"等，这些词汇能够增强标题的号召力。

例如，"川西旅游攻略，这辈子一定要去一次！""踏青出游拍照要诀，快来学！""6·18 服饰清单，折扣大，直接买！""秋冬美妆护肤干货放送！赶快学起来！"

小技巧

号召式标题还应力求委婉，不能给人威胁、强迫的感觉，而是通过委婉的诉说，号召人们付诸行动。在撰写号召式标题时，可以结合具体的产品特点、活动背景或用户需求来确定标题内容，这样能够使标题更加贴近用户实际，提高号召效果。

5. 分享式标题

分享式标题是指利用分享性的语句来向用户述说感受、经验，并且引起用户注意的标题。俗话说"予人玫瑰，手有余香"，分享式标题总给人一种真诚感、亲切感，虽然没有使用过多的修饰手法，但同样深受用户喜欢。

撰写此类标题时，撰写者可以从分享知识、分享经验或商品等角度出发去拟定标题。例如，"对话 7 位中国女老板：月赚百万，女性轻创业如此热辣滚烫！""创业 10 年，我那些悬崖边上的时刻""不用越买越多，学会这几组护肤搭配事半功倍！"

小技巧

分享式标题的重点在于"分享"，撰写者撰写此类标题时要联系实际，联系用户，不能凭空想象写出一些假大空的标题。分享式标题一般都采用总结性语句，撰写者需要对软文整体内容有一定精准的把握与提炼。另外，还应注意文字要有逻辑性，让用户感受到层次感。

6. 利益式标题

利益式标题是指通过直接点明产品或服务能够带给用户的具体利益或好处来吸引用户注意的标题形式。

利益式标题要提炼概括内容的价值，以及能给用户带来的好处。好处可以是解决某个痛点问题或烦恼、满足某个需求，例如，帮助用户节省时间、提高效率、达到理想状态等，让用户看到标题，就觉得"这正是我需要的""这对我太有用了"。这些标题的利益点直接且明确，将价值外化，对目标用户很有吸引力。

例如，"小学1～6年级学习规划表，太有用了！早看早受益""8条建议，让你成为快速识人的高手"。

撰写者在撰写利益式标题时，不能因为侧重利益而偏离了主题，而且标题不宜太长，以免影响软文的传播效果。

7. 对比式标题

对比式标题就是在标题中将结果、境遇、收入及年龄等差距很大的几个对象进行对比，营造冲突和矛盾反差，以激发用户的好奇心。

例如，"4月发布新机综合对比，哪款值得买""七大国产热门智能手表对比测评""30岁和20岁有什么不同，网友的这些话真相了"。

撰写者可以采用对比式标题，通过与竞争对手同类商品进行对比来突出自身商品的优点，加深用户对商品的认识。需要注意的是，软文中也要指出对方商品的优点，然后在对方优点的基础上指出自己商品的优点，这样更容易获得用户的信任。

8. 观点式标题

观点式标题是以表达观点为核心的一种标题形式，一般会在标题上精准到人，把人名放在标题中。值得注意的是，这种类型的标题还会在人名的后面紧接对某件事的观点或看法。

例如，"雷军：我在央视'面对面'专访，谈谈梦想之火""罗胖60秒：为什么工具越强，悲剧越大？"

观点式标题一般采用"人物＋观点"的形式，简单清晰，一目了然，往往能在第一时间引起用户的注意，特别是当人物的名气比较大时，更容易提升软文的阅读量。

9. 提问式标题

提问式标题即用提问的方式来引起用户的注意，提问方式包括反问、设问、疑问等。该类型的标题旨在通过提问引起用户的关注，促使用户产生兴趣，启发他们思考，产生共鸣，从而留下深刻印象。

例如，"'长期素颜'和'长期化妆'的女生，区别有多大？看完你就知道了""职场穿搭误区，你中了几条？""如何长期坚持做一件事？""为什么大多数人存不住钱？"

撰写者在撰写此类标题时，应站在用户的角度提出"为什么""如何"或"怎么办"等问题，促使用户进行思考分析。

10. 总结式标题

总结式标题是指通过精练的语言对文章内容进行概括或总结，以便用户在第一时间了解文章主旨和要点的标题形式。这种标题形式在软文写作中非常常见，其特点在于清晰、简洁且富有概括性。

例如，"人的一生，什么最重要？""一个人，一生终究要经历的五次告别""20、30、40，不同年龄层怎样护肤最有效？""年度盘点：2023 年度十大好书！"

3.3.3　标题的写作技巧

撰写者不仅要了解目标受众群体的特征与需求，还要关注当时的热门事件、热点话题，具有敏锐的洞察力和良好的"网感"，同时运用标题的写作技巧，这样才能写出受大众欢迎的标题。撰写者可以参考以下标题写作技巧。

1. 巧用符号

在标题中加入合适的符号，能给用户带来强烈的感官刺激，增强其点击阅读的欲望。标题中常用到的符号主要有以下几类。

（1）标点符号。标题中常用的标点符号有感叹号、问号、冒号、引号等，表示兴奋、喜悦、震惊、疑问等情绪，例如，"为什么现在的衣服都一个样？太难买了！"

（2）数字符号。在标题中加入数字，会让标题更显眼。例如，"这个 10 秒倒计时，海尔智家走了 30 多年"。

（3）运算符号。常见的运算符号有 "="" ≠ ""+""×""÷"等，可以体现事物之间的对比关系、相加关系、转换关系、数量关系或进行形象比喻等，例如，"海尔智家 H 股上市，构建 A+D+H 资本市场全球布局""睡眠质量＝黄金时间：如何选择一款好床垫"。

2. 借力借势

借力是指利用别人的资源或平台（如专家、新闻媒体、自媒体等），对自己的商品或服务进行推广营销，以达到快速推广自身品牌的目的。借势主要是指以最近的热门事件、新闻作为软文标题的创作源头，借助大众对社会热点的关注来引导受众对软文的关注，从而提高软文的点击率和转载率。

例如，软文"高考前一晚睡不着怎么办？记住三个字""扒一扒《玫瑰的故事》的职场穿搭，太有气质了！"

3. 制造悬念

在标题中制造悬念可以激发人们的好奇心，吸引人们的注意。悬念的制造有以下几种方法。

（1）反常现象制造悬念，例如，"活到 30 岁，我才发现自己最大的人生困境是「不会玩」"。

（2）变化现象制造悬念，例如，"废旧冰箱别卖了！放进卧室更'值钱'，现在知道还不晚，回家赶紧整理"。

（3）不可思议现象制造悬念，例如，"'我家冰箱竟然这么脏？'冰箱细菌总数超 1 万，4 招教你清洁它"。

（4）提出疑问制造悬念，例如，"冰箱里切了 1 天的西瓜、冻了 1 年的肉……你们猜，哪样吃了会拉肚子？"

4. 渲染感情

打"感情牌"也是一种有力的手段。拟定软文标题时，可以尝试用感情渲染，借助丰富的感情引发用户的共鸣，促使用户产生代入感，联想到自己，从而激发用户的阅读兴趣。例如，"夜读｜真正的友情，是势均力敌的默契"。

5. 体现利益

如果在软文的标题中直白地告诉用户会得到的好处和获得的利益，那么用户会对软文内容非常感兴趣。因此，撰写者可以在标题中直接体现出给予用户的利益。例如，"200间房免费住、220张票任意领！宠粉福利来啦。"

6. 融入文化特色

撰写者借助诗词、成语典故、谚语、歇后语、行业内专业术语、外语人名及地名和影视戏曲及歌曲等创作软文标题，可以提升软文的"文化内涵"，给用户一种不同的感受。例如，"诗词｜致女人：春风十里不如你，三里桃花不及卿"。

7. 运用修辞手法

在撰写软文标题时，撰写者可以灵活运用修辞手法，如比喻、夸张、对偶、拟人和引用等，这不仅可以增强标题的趣味性，还能使标题更有创意。例如，"让岁月善待你我，与美好一路同行"。

8. 借助名人效应

撰写软文标题时，可以借助名人效应，在标题中加入影视演员或知名专家、学者等的名字，以吸引众多用户的目光，引导他们点击查看文章。例如，"超火！××同款大衣，10分钟售罄！""吴××这样有气质内涵的东方影后，为什么都爱同款国货包包？"

9. 利用身份标签

利用身份标签撰写软文标题是一种有效地吸引目标用户的方式。这种方式通过直接呼唤或暗示用户的身份特征，激发他们的认同感，从而增加阅读兴趣和黏性。

例如，"给准妈妈们的待产包攻略！""爱吃苹果的一定要看！这样吃，口感、营养都翻倍！""请转给你身边爱喝奶茶的朋友""这是30岁的人都会遇到的迷茫"。

10. 形成反差

形成反差是指在软文标题中制造对比形成反差效果，以吸引用户的注意，加深用户的印象，如时间前后的反差、快与慢的反差、认知的反差、群体反差等。例如，"别看这些企业挣得多，其实都是'假利润'"。

> **知识链接**
>
> 软文在发布后，可以通过打开率指标来判断标题是否足够吸引人。打开率是指用户打开文章的比率，一般情况下，可以用公式"（软文阅读总人数÷软文送达人数）×100%"得出，然后通过打开率数据判断标题是否吸引人。但实际情况下，打开率还可能会受文章封面、摘要等的影响。

3.4 撰写软文主体内容

软文主体内容是软文的重要组成部分。软文撰写者要设计好正文的结构，确定好开头与结尾的写作方法，然后按框架去填充内容，最后撰写成文。这样写出的文章一般结构严谨、内容丰富、说服力强，能够达到良好的营销效果。

3.4.1　设计软文结构

软文的主体发挥着唤醒用户需求，帮助用户解决问题，促进用户购买的作用。撰写者要设计好软文的结构，安排好段落层次，使文章条理清晰、内容饱满，引发用户的阅读兴趣。

一般情况下，透过软文的结构，用户就可以大致领会到软文整体的风格特色，是抒发情感型、故事叙事型、事物说明型，还是优雅清新型。结构往往可以体现出一篇软文的风格。撰写者为了更好地设计软文结构，需要提前分析研究目标受众群体的阅读习惯，按照他们的喜好进行设计。

软文的基本结构一般由开头、正文和结尾组成，其中正文可以由多个部分组成。撰写者设计软文的结构时，要做到"凤头、熊腰、豹尾"。其中，"凤头"是指文章开头要新奇，引人入胜；"熊腰"是指中间内容详尽有料，"豹尾"是指结尾巧妙，强而有力。

软文布局要做到以下几点：一是"秩序井然"，所有材料的排列次序要有先后，安排妥当；二是"气势连贯"，一气呵成，不能有脱节现象，更不能脱离主题；三是"高度一致"，软文中提出的观点和论据要统一，不能相互矛盾；四是"身材匀称"，即分段内容不能过长或过短，开头要有吸引力，内容要有说服力，结尾要有震撼力，如此软文才不会虎头蛇尾、头重脚轻。

布局软文结构要注意以下几点。

（1）软文布局清晰明了，让用户读起来轻松、不单调。主体内容要做到逻辑清晰，层层深化，重点突出，字体可加粗、改色，撰写者也可适当采用大标题和小标题，通过合理搭配带给用户视觉舒适感。

（2）主体内容要有核心，即突出受众群体的诉求重点。撰写者要对目标受众群体的诉求重点深入分析，并加以呈现，从而让潜在用户行动起来。

（3）主体文字要朴素自然，通俗易懂，不需要华丽的文采和长篇大论，只要把撰写者的观念、经验分享出来，能够为目标受众解决遇到的麻烦或问题就可以了。

（4）合适的论题。撰写者要找到自己擅长的论题，在自己熟悉的领域更能发挥自己的特长，发表的观点更有见地，更有说服力。

3.4.2　软文开头写作

写出一个好的开头，软文创作就成功了一半。软文的开头非常重要，撰写者要时刻谨记，开头必须要牢牢锁住用户的视线，这样才有可能促使用户产生继续阅读的兴趣与欲望。软文开头的写法有很多种，这里主要介绍以下几种。

1. 开门见山式

开门见山式是指在文章的开头便开宗明义，直奔主题，引出文中的主要人物、事件或点明要说明的对象等。使用这种开头方式时，语言要朴实、简洁明了，快速切入正题，切忌拖沓、隐晦、拖泥带水。需要注意的是，撰写者采用这种开头方式时，要确保文章的主题或者事件足够吸引人。

例如，软文《说说这几年为了充实自己学过的技能》的开头是这样的。

"因为上班的日子平淡如水，所以一直在不停寻找可以充实自己的技能。有时候动力来

源于当下社会给予我的焦虑，有时候则是完完全全来自突发奇想的兴趣，但不管是哪种，学会的技能终将为自己受用。下面我就来罗列一下我从 2019 年至今，学过的技能……"

又如，软文《工作能力差的人，都有这 5 个特征》的开头是这样的："有人问：'工作能力差的人，都有哪些表现？'通常来说，工作能力差的人，都有这 5 个特征。今天，与你一起探讨。"

2. 引经据典式

引经据典式是指在文章的开头引用经典著作中的语句或故事，让文章看起来更有文化底蕴，更具说服力，从而吸引用户阅读。撰写者在软文开头设计一个短小、精练、紧扣主题又意蕴深厚的句子，或使用名人名言、谚语、诗词等句子，既能快速点明主题，也可以起到统领全文、凸显主旨与情感的作用。

例如，软文《最好的"伯乐"就是努力向上的自己！》的开头是这样的。

"看过一句话：'你有多努力，就有多特殊。'人生最好的贵人，就是努力向上的自己！"
"老话说得好：'自助者，天助之；自弃者，天弃之'。"

又如，软文《你对待工作的态度里，藏着你的层次》的开头是这样的。

"今天是农历二月初二，龙抬头，万物复苏，春回大地。

老话说：'东方为春，春者，万物之所出也。'

春天预示着一切都是崭新的开始，在生生不息的春风中，四季的序幕自此开启。

一年之计在于春，职场中的我们，当用饱满的热情、积极的姿态投入到工作中。

因为对待工作的态度里，藏着你未来生活的层次。

不设限、不怠慢、不拖延，在春天开启新的历程。"

3. 巧用修辞式

使用修辞手法会让文章看起来更加生动、形象，能够充分激发人们的想象力。常用的修辞手法有拟人、比喻、排比、象征、夸张、反问、设问等。将修辞手法运用到软文开头中，不仅能够有效吸引用户的眼光，还会为软文增添艺术价值。

例如，软文《书单 | 你需要这 8 本积极向上的书！》的开头是这样的。

"爱春天的人们，

是心地纯洁的人，

像盛开的紫罗兰，

像我的朋友一样。

……

三月，虫子和春天一道醒来，宜努力！

在这样的春天里，要多做点事儿才好，让我们和万物一同生长吧！

……"

撰写者在文章开头运用了比喻手法，撰写了一首非常有情调的小诗，鼓励人们阅读积极向上的书。

4. 情境导入式

情境导入式开头是指在文章开篇就有目的地引入或营造内容所需的氛围、情境，调动用户的情绪，激发用户的阅读兴趣。情境导入式开头有两类：一类是以情景的描述为中心，另一类是以意境的阐述为中心。

例如，软文《关系中比「爱」更珍贵的，其实是这种情感》的开头是这样的。

"前两天，我们收到了这样一则用户留言：'你好，我和自己的发小认识很多年了。长大后，我们各自去了不同的国家求学，于是很多年都没有相见。今年我们都回国了，一拍即合就约了个饭。一见面，过去喜欢的感觉扑面而来。我俩聊得非常畅快，这么多年过去了，我发现自己对他喜欢的感觉还是有增无减。这种喜欢的感觉，和拥有与否好像并无关系，而仅仅是因为他这个人本身。很好奇，到底为什么会产生这样的情感体验呢？'"

这篇软文的开头是以叙事写法将用户代入到朋友见面的情景中，两人虽许久未见，见面后的喜欢却有增无减，让用户在脑海中自动形成一幅画面，为下文的叙述做铺垫。

5. 故事分享式

人们都喜欢故事，尤其是幽默搞笑类故事，将其放在软文的开头，往往会达到不错的效果。很多使用了充满幽默元素的故事或者场景作为开头的文章，能很好地吸引到用户的注意力。而且这种开头方式还能够在开篇迅速确定中心思想与情感基调，更有利于用户理解。

例如，软文《思维对了，工作就顺了》的开头是这样的。

"得到 CEO 脱不花曾讲过这样一个故事。

她有个下属过来找她，张口就问：'领导，后天您有时间吗？'

这让她一头雾水。

而另外一个下属，来找她时说了这么一番话：'您说年底的时候要和十大客户进行交流，我们做了一个初步方案。后天，需要占用您半小时的时间，进行最终决策，以便于我们和客户提前协调时间。我查了一下您的行程，后天早上、下午四点您暂无安排，晚上您去机场的路上也可备选。哪个时间段，您方便听一下我们的方案？'

这样一说，脱不花不仅清楚下属找她做什么，而且还得到了一组预案，她只需半分钟做个选择，就能解决事情。

两相对比，高下立现。

遇到事情，总能多想一些，多走一步的人，往往比走一步看一步的人思维更灵敏。他们的工作晋升之路，往往也更为顺遂。

恰如一位作家所说：'人和人命运的主要不同，在于思维的差距。'

如果说做一件工作，就像开车从 A 点到 B 点，那么思维就是你的导航。思维对了，方向就对了，工作自然就顺了。"

6. 借用数据式

有人会觉得数字是单调的，容易使人产生枯燥、乏味的感觉，但现在已经进入大数据时代，很多事情都是可以量化的。在软文开头运用数据，往往能让用户不自觉地信服。

例如，软文《提升沟通能力的 4 点方法》的开头是这样的。

"据成功学家们的研究表明，一个正常人每天要花 60%～80%的时间在'听、说、读、写'等沟通活动上。因此，曾有人总结说：人生的成功就是人际沟通的成功。"

又如，软文《想长寿先学会'吃'！6 个延寿饮食原则，现在开始还来得及！》的开头是这样的。

"2023 年《欧洲心脏杂志》上刊发的一项研究发现，成年人患心血管疾病的风险增加和死亡风险增加与 6 种主要食物的摄入不足有关，这六种食物即水果、蔬菜、坚果、豆类、鱼类和乳制品（全脂型为主）。

该研究调查了 80 个国家/地区的 24 万余名参与者，依据这 6 类食物的摄入量给他们的饮食评分，评分范围为 0～6 分（6 分代表饮食最健康），每种食物摄入量高于中位数时得分 1 分，结果发现：与最不健康的饮食相比（得分≤1），健康饮食（得分≥5）的人的总体死亡风险低 30%，患心血管疾病的风险低 18%，心肌梗死风险低 14%，中风风险低 19%。可以说，吃够这 6 类食物，不仅心血管更为健康，而且延寿。"

撰写者有效地利用大量清晰、准确的数据可以吸引大量的用户来阅读，这样的软文开头自然有助于营销成功。

3.4.3　软文正文写作

正文是软文的重要组成部分。正文的写作方法主要有并列式、总分式、递进式、对比式、悬念式、组合式等。撰写者可以根据内容主题、营销目标等进行合理选择。

1. 并列式

并列式软文是从若干方面入笔，不分主次、并列平行地叙述事件，或者把论题分成几个方面来叙写、说明和议论，每个部分都是独立完整的，与其他部分是并列平行的关系。例如，软文《这 7 道运动测试题，你能做对几道？》就采用了并列式结构，如图 3-5 所示。

图 3-5　并列式结构

并列式软文的组成形式基本上有两种：一种是围绕中心论点，平行地列出若干分论点；另一种是围绕一个论点，运用几个有并列关系的论据。需注意的是，并列内容之间的画面风格、文字格式应保持一致。

2. 总分式

总分式软文一般是开篇点题，然后在主体部分将中心论点分成横向展开的分论点，逐一进行论证。一篇文章在总体布局上可先总后分，也可以先总后分，最后再总结（总分总式）。

在软文写作中，撰写者先阐述自己的观点、产品所引起的轰动效果，再具体分说，这样的写作方式让人一目了然。

例如，软文《工作10年，我想谈谈工作的意义》采用了总分总式结构，文章第一段"今年刚好是工作第十年，我想聊一个以前不敢碰的话题：工作的意义。"引出下文，然后通过两种思路来详说，最后进行总结，如图3-6所示。

图3-6　总分总式结构

3. 递进式

递进式软文一般是通过严谨的逻辑铺排，引导用户步步深入，让用户顺应文中内容，循序渐进地得出撰写者想要告知大众的推理结论。内容步步铺排、论证层层递进的递进式正文布局，能够让用户更深入地了解产品，慢慢接受撰写者想要传达给他们的品牌理念，从而促使他们行动起来。

递进式软文要求有严谨的逻辑思维层次，其主要的表现形式是针对一个现象或问题，通过抽丝剥茧、层层递进的论述方式，带领用户找到答案。例如，软文《当上领导后，很多事就别自己干了》通过层层递进的方式阐明管理的方法，一开始指出管理工作中的现象，即当上领导后看似每天做了很多事，但团队工作效率没有提升，然后指出管理者不用再做的工作，并说明做这些工作的坏处，紧接着指出管理者真正要做的事情，内容逐渐递进，如图3-7所示。

4. 对比式

对比式软文是通过正反两种情况的对比分析来论证观点的结构形式。通篇运用对比，道理讲得很透彻、鲜明；局部运用正反对比的论据，材料更有说服力。例如，软文《买果切，比直接买水果贵多少？挨个对比后我直呼意外！》将 3 种类型的果切与直接买的水果进行了对比，如图3-8所示。

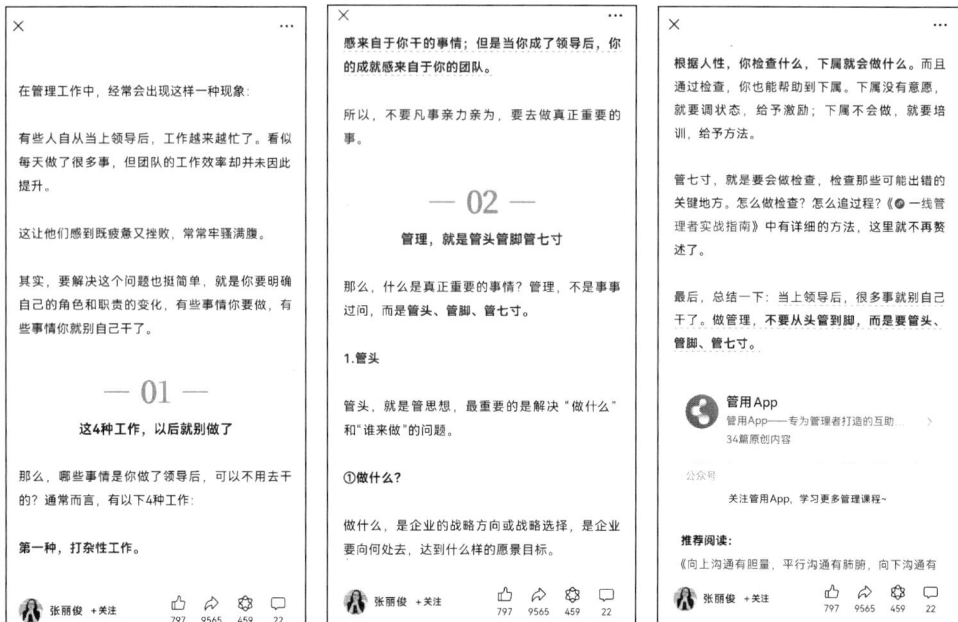

图 3-7　递进式结构

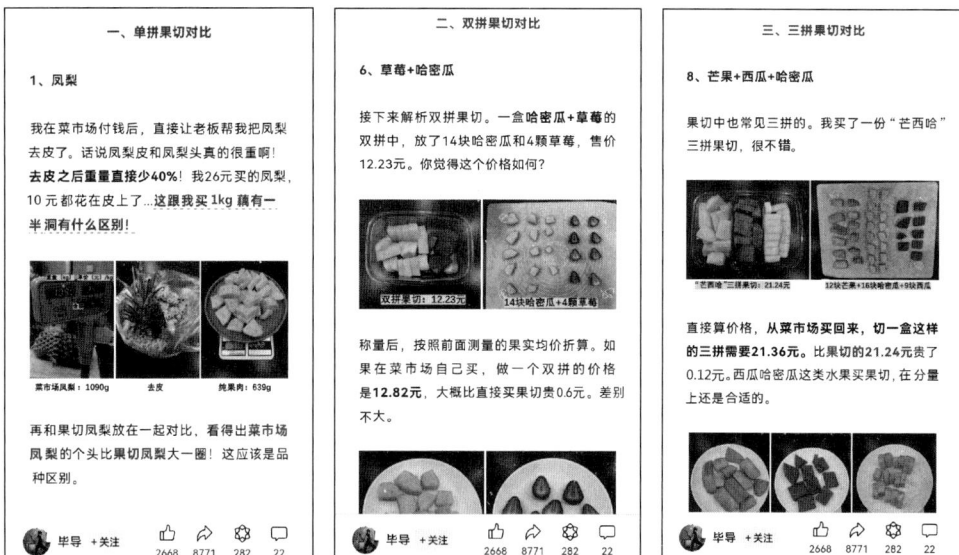

图 3-8　对比式结构

在使用正反对比法撰写正文时，撰写者需要注意以下两点。

（1）围绕中心论点选择比较材料

撰写者所选对象必须是两种性质截然相反或有差异的事物，确定好对比点，论证时要紧扣文章的中心。

（2）正反论证应有主有次

若文章从正面立论，主体部分则以正面论述为主，以反面论述为辅；若文章从反面立论，则以反面论述为主，以正面论述为辅。

5．悬念式

悬念式软文是指通过设置疑团引起用户的好奇，让用户迫切地想要往下阅读找到答案，即将文章中最吸引人的情节前置设疑，然后层层铺垫，让用户慢慢解开答案的一种软文。

这类软文的表现形式主要有两种：一种是抛出一个让人感到惊讶或好奇的事件起因，不告诉其结果，即通过层层递进、一环扣一环的方式揭开谜底；另一种是告知用户一个不可思议的结果，对其过程及原因先不做交代，即通过倒叙的方式逐一揭开谜底。

6．组合式

组合式又称片段组合式，这种软文是指根据表现主题的需要，选择几个典型生动的人物、事件或景物片段组合成文。主题是文章的灵魂，是串联全部内容的一根线，因此，所选的片段无论是人物生活片段，还是景物描写片段，又或是故事、抒情片段，都要服从于表现主题的需要。例如，软文《2023，我的四季影像诗》采用组合式的撰写方式，如图 3-9 所示。

图 3-9　组合式结构

3.4.4　软文结尾写作

软文的结尾是整篇文章的点睛之笔，它需要简洁、有力，同时又能有效地激发用户的情感或引导用户的行动。软文结尾的写作方法各异，其目的通常是总结全文、突出主题、引发共鸣或者与开头相呼应等。撰写者需要掌握软文结尾的写作方法与技巧，完成软文结尾的撰写工作。

1. 首尾呼应式

总分总式结构的软文常采用首尾呼应的方法。软文的结尾与开头遥相呼应，可以起到强调主题、加深印象及引发共鸣的作用，同时能让软文结构严谨，内容完整，浑然一体。

2. 总结归纳式

在那些没有在开篇提出明确观点的软文中，撰写者使用总结归纳式结尾，通过在正文中阐述实例，最后在结尾处点明软文的观点，让结尾起到画龙点睛的作用。例如，软文《没有实习经历，找工作的时候我崩了》的结尾总结道："主动实习，能更好地提升就业满意度，深入了解职业内容和职场环境，也能在未来更好地掌握就业主动权。它并不是预支就业焦虑，而是为自己打开更开阔的职业窗口。"

3. 设置悬念式

在软文结尾设置悬念，引发用户的联想，就像影视作品的"开放式结尾"一样，这种结尾方式既能使软文主题得到留白和升华，也能让用户充分发挥想象力。这样的结尾方式能为用户带来意想不到的收获和非同寻常的深刻体验，既有意味悠长之感，又能引发用户之间的讨论，使软文形成二次或多次传播，扩大传播影响力。

4. 号召建议式

号召建议式结尾是指在结尾向用户发起号召或提出合理建议的结尾。公益性宣传软文多采用这类结尾方式。例如，软文《在我们看不见的南北极，早已敲响了环保的警钟》的结尾写道："所以我们每个人，都应该保护地球，保护我们共同的家园。节约水电、购买节能家电、使用环保产品、垃圾分类、回收资源……让改变从此刻开始，从我们随手的一个举动开始。"

5. 抒情式

抒情式结尾是指撰写者在文章结尾表达感慨，引起用户情感的波动，激发用户的共鸣。撰写者采取这种结尾方式时不要遮遮掩掩、欲语还休，要干脆利落。这种结尾方式可以用于写人、记事、描述产品、论证事实等多种软文写作中。

6. 转折式

转折式结尾会给用户带来出乎意料的强烈反差感，能让用户认为软文读起来有趣，愿意进行二次传播。需要注意的是，这种结尾方式不宜经常使用，因为它容易引起用户的反感，偶尔使用即可。

7. 场景式

在结尾设计场景，更容易打动用户。撰写者要注意选取合适的场景，如撰写推广育儿类产品或服务的软文时，在结尾可以描述妈妈和孩子在一起的场景；撰写推广办公用品的软文时，可以在结尾描述职员在职场工作的场景等。

8．提问式

提问式结尾是指在软文结尾提出疑问，促使用户思考，以引发用户互动，提升用户的参与感，如"你也有这样的经历吗？来和我们聊一聊吧"。

需要指出的是，撰写者无论选择哪种结尾方式，都要从软文整体来谋篇布局。只要结尾能与开头、正文浑然一体，就是一个好的结尾。

素养课堂

在互联网时代，强调"内容为王"，我们应当尊重原创，保护版权。尊重原创就是尊重创新、创造的意义；保护版权，就是保护知识的价值。软文撰写者应该不断增强版权意识、法律意识，规范创作，让知识产权保护成为文化发展的最大激励，同时也要懂得拿起法律武器来捍卫自己的版权。

课堂实训：瑞幸咖啡软文写作分析

1．实训背景

瑞幸咖啡将自己定位为快时尚咖啡，以"快时尚、高品位、优质生活"为核心价值，旨在为都市白领和年轻消费者提供便捷、高品质的咖啡消费体验。为了实现品牌定位，瑞幸咖啡对市场进行细分，识别出目标消费者群体的需求和偏好。通过提供优质的咖啡和便捷的服务，瑞幸咖啡成功地吸引了目标消费者，并在他们心中建立起了精准的品牌认知。

瑞幸咖啡注重品质与口感，不断创新，选用优质咖啡豆，结合国际先进的咖啡制作工艺，不断研发满足消费者需求的新品；同时推出茶饮、轻食等配套产品，满足消费者的多样化需求。

瑞幸咖啡采用多样化的营销策略，例如，通过优惠活动、打折促销等方式刺激用户关注和购买，还会发放优惠券、会员生日福利等，同时通过跨界营销、联名活动等方式增加品牌曝光度和用户黏性。

2．实训要求

请同学们以"瑞幸咖啡"为关键词搜集 3 篇营销软文，阅读全文后分析其标题的类型、内容结构与内容的写作方法。与"瑞幸咖啡"相关的浏览量超 10 万的软文有"咖啡品牌掰手腕，瑞幸这一局赢了星巴克""3 年卖出 7 亿杯，瑞幸如何用'现象级热款'开创生椰时代？"等，如图 3-10 所示。

3．实训思路

（1）讨论案例

请同学们搜索瑞幸咖啡品牌与产品的相关信息，了解其品牌定位、产品定位及营销策略等。

（2）搜集软文

自主搜索瑞幸咖啡的 3 篇营销软文并阅读，然后分析标题类型，文章的开头、正文与结尾的写作方法。

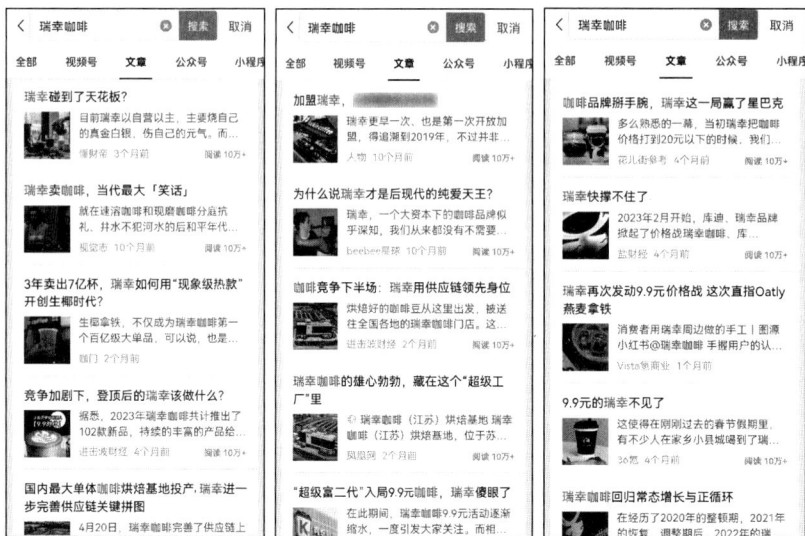

图 3-10 "瑞幸咖啡"相关软文

（3）整理结果

请同学们将分析结果撰写成文，交由老师进行评分。

课后思考

1. 简述软文写作的关键点。
2. 简述软文关键词的设置方法。
3. 简述软文标题的写作技巧。

第4章

AIGC辅助软文写作

在信息快速传播的时代，利用 AIGC 工具创作软文可以及时满足大量软文创作的需求，助力企业和个人更好地进行宣传和推广，而且能够保证一定水平的内容输出，使得软文内容不会因为创作者个人状态的波动而产生较大差异。AIGC 工具辅助软文写作推动了软文写作领域的技术创新，使更多的机构和个人能够轻松地创作出高质量的内容，满足读者日益增长的信息需求。同时，这也为内容创作者提供了更多的机会和平台，促进了整个行业的竞争和发展。

学习目标

➢ 了解 AIGC 的类型、应用场景和常用工具。
➢ 掌握利用 AIGC 工具开发选题、构建软文框架的方法。
➢ 掌握利用 AIGC 工具优化标题、提取关键词的方法。
➢ 掌握利用 AIGC 工具润色正文、生成创意文案的方法。

素养目标

➢ 提升工具意识和工具思维，提高软文写作效率。
➢ 培养创新思维，坚持原创，提升核心竞争力。

案例导入　The North Face 用 AIGC 工具生成 10000 条文案

2023 年 4 月，The North Face 北面围绕"100 个重回山野的理由"展开一系列营销活动，为"TNF100（100 千米越野跑挑战赛）"的重启造势。

在重构赛事意义时，品牌发觉 100 个理由似乎还不够支撑起人们对重回山野的渴望。因此，北面将问题抛给 ChatGPT，并在 AIGC 绘画工具 Midjourney 的帮助下，延展出"10000 个重回山野的理由"系列海报——由 AIGC 工具提供的 10000 个理由所组成的密密麻麻的文案矩阵，看起来非常壮观，如图 4-1 所示。

品牌也在官方微博放出了一部长达 2 小时 42 分钟的影片，展现了 ChatGPT 对于"为何重回山野"的回答过程。

教学视频

The North Face 用 AIGC 工具生成 10000 条文案

图 4-1 "10000 个重回山野的理由"系列海报

4.1 AIGC 概述

生成式人工智能（Artificial Intelligence Generated Content，AIGC）是一种基于机器学习和自然语言处理的技术，能够自动产生文本、图像、音频等多种类型的内容。这些内容可以是新闻文章、小说、图片、音乐，甚至可以是软件代码。AIGC 系统通过分析大量的数据和文本，学会了模仿人类的创造力，生成高质量的内容。AIGC 把数据要素提到时代核心资源的位置，在一定程度上加快了整个社会的数字化转型进程。

4.1.1 AIGC 的类型

根据生成内容的形式和用途分类，AIGC 的类型主要包括文本生成、图像生成、语音生成和视频生成。

1. 文本生成

文本生成包括自动写作、翻译、生成文本摘要等方面。这需要在现有文本的大型数据集上训练机器学习模型，以生成在风格、语气和内容上与输入数据相似的新文本，还可以根据给定的话题或内容生成创意文本、故事、新闻稿、诗歌等。这种技术可以应用于广告、内容创作等领域，帮助提高内容生产的效率和质量。

2. 图像生成

AIGC 可以生成高质量、独特的图像作品，包括绘画、插图、设计图等。这种技术可以应用于设计、艺术、游戏开发等领域，为用户提供更多样化和创新的视觉体验。

3. 语音生成

AIGC 可以创作声音效果或其他音频内容，提供新颖和多样化的音频体验。AIGC 的语音生成技术分为两类，分别是文本到语音合成和语音克隆。

文本到语音合成需要输入文本并输出特定说话者的语音，主要用于机器人和语音播报任务。到目前为止，文本转语音技术已经相对成熟，语音质量已达到自然标准，未来将向更具情感的语音合成和小样本语音学习方向发展。语音克隆以给定的目标语音作为输入，然后将输入语音或文本转换为目标说话人的语音，此类技术用于智能配音等类似场景，用以合成特定说话人的语音。

4. 视频生成

AIGC 可以生成影片、动画、短视频等，具备专业级的画面效果和剧情呈现效果。这种技术可以应用于影视制作、动画制作、广告等领域，帮助提高视频制作的效率和质量。

这些分类展示了 AIGC 在多个领域的应用潜力，从娱乐到教育，再到医学成像和虚拟现实等。随着技术的不断进步，AIGC 将在未来提供更多创新和便利的解决方案。

4.1.2　AIGC 的发展现状

在经历了 ChatGPT、Midjourney 等国际 AIGC 产品的飞速发展，以及文心一言、通义、Kimi 等国内 AIGC 产品的激烈追赶后，2024 年，多数互联网用户都或多或少地接触了 AIGC 技术。从智能手机中的大模型助手，到日常所见的 AI 生成图片，再到职场中用于辅助优化工作的 AIGC 工具，AIGC 已遍布于人们的生活中。

总体来看，AIGC 的发展现状有以下特征。

1. 市场规模不断增长

全球 AIGC 市场应用潜力巨大，并且已经在内容创作领域率先实现商业化。随着各大社交媒体中内容创作者的数量不断增加，内容创作者对优质内容创作的需求正在快速增长，不断增长的需求加强了内容生成平台对提高内容制作效率及质量的重视程度。

根据中商产业研究院发布的数据，全球 AIGC 市场的市场规模将由 2020 年的 13 亿元增至 2027 年的 1275 亿元，复合年增长率达 89.7%。在中国，AIGC 市场的市场规模也由 2020 年的 1 亿元增至 2022 年的 4 亿元，并预计在 2027 年达到 326 亿元。

2. 应用领域广泛

AIGC 技术在 2023～2024 年飞速发展，对多个行业产生了颠覆性的影响。其中，AIGC 已经在广告、游戏、自媒体等内容创作领域实现了广泛应用，教育、电商、软件开发、金融等领域也尝试扩大 AIGC 的应用范围。

从商业视角来看，AIGC 技术可以提高生产效率，降低成本。例如，在内容创作领域，AIGC 技术可以帮助创作者更快地生成高质量的内容；AIGC 技术可以提供个性化的服务，提升用户体验；AIGC 技术可以帮助企业进行创新，开拓新的商业模式。

3. 技术不断获得突破

AIGC 技术突飞猛进，展现出惊人的创造能力和生成能力，这主要得益于模型、数据、算力等方面的不断提升。

在模型层面，模型结构的创新和模型规模的提升成为生成式人工智能取得突破的关键。

从模型结构来看，注意力机制、自回归模型、扩散模型等技术不断升级迭代，特别是以 Transformer 为主的基础模型脱颖而出，成为生成模型主流技术路线，推动文本、图像、音频、视频等内容的生成和理解能力不断提高。

在数据层面，数据质量、多样性、规模等方面的进步成为 AIGC 能力提升的基础。AIGC 能够大批量制作拟真合成数据，或将帮助缓解高质量训练数据枯竭这一未来潜在问题。

在算力层面，算力设施的完善支撑生成式人工智能的快速发展。人工智能芯片提供算力基础保障，深度学习框架放大芯片算力效能，云端多样化算力满足 AIGC 的不同应用需求。

4．B 端市场占据主导地位

在当前的 AIGC 市场中，B 端市场占据主导地位，因为 B 端客户有明确的业务需求，而且能够直接看到营收的增长。因此，许多 AIGC 企业选择先服务 B 端市场，通过为 B 端客户提供定制化的解决方案来实现效益的提升。

5．C 端市场竞争激烈

虽然 B 端市场占据主导地位，但 C 端市场也是 AIGC 企业的重要发展方向。在 C 端市场，AIGC 产品通常以免费或低价的形式吸引用户，然后通过提供增值服务或广告收入来实现盈利。由于 C 端市场竞争激烈，AIGC 企业需要通过不断创新和提高产品质量来吸引用户。

总之，AIGC 的发展现状呈现出快速增长和广泛应用的趋势。随着技术的不断进步和应用领域的扩展，AIGC 未来有望在全球范围内实现更广泛的应用和商业化。

4.1.3 AIGC 的应用场景

AIGC 的应用场景广泛，涉及多个领域和行业，如消费者市场、商业领域、影视领域、游戏行业、漫画行业、动画行业、网文行业和计算机编程领域。

1．消费者市场

目前，大部分智能手机已经内置了先进的 AI 大模型。这些模型结合本地计算能力和云端资源，极大地提升了手机助手的功能。例如，文心一言、Kimi 等传统对话型 AIGC 产品已广受市场认可，这些产品的普及加速了 AIGC 技术在消费者市场的应用。同时，社交媒体平台如微博、快手、哔哩哔哩等也开始采用评论机器人等技术，通过 AIGC 的拟人化特性，提升用户体验，并增强互动的趣味性。

2．商业领域

在商业领域，AIGC 技术已被广泛应用于办公流程优化和 AI 素材库的建立，有效地提升了工作效率和专业性。例如，AIGC 产品不仅帮助企业优化客服、美术和宣传发行等工作流程，还显著降低了人力成本，这些都证明了 AIGC 技术在帮助企业实现降本增效方面的巨大潜力。

3．影视领域

在影视领域，AIGC 工具也开始被应用，主要用于生成部分美术物料，从而支持宣传设计师的创意工作。

至于内容制作本身，AIGC 技术目前还未在真人影视制作流程中广泛应用。预计随着如 Sora 等 AIGC 产品的成熟和商用推广，AIGC 技术未来将在这一领域有更多的实际应用。

4．游戏行业

AIGC 技术在独立游戏行业已被广泛应用。自 2023 年起，部分大型游戏公司开始逐步推进工业化的 AIGC 美术流程。除了美术，AIGC 技术在声音和配音领域也已稳定使用，同时在游戏行业市场推广和用户获取等方面，游戏行业同样也展示了广泛应用 AIGC 的可能性。

5．漫画行业

在漫画行业中，AIGC 在上色方面的应用已非常成熟。许多流水线式的网文改编漫画项目已经开始采用 AIGC 上色技术，这项技术可以有效替代传统的手工上色过程，大幅提高生产效率。AIGC 不仅能够快速匹配漫画的风格和色调，还能根据不同的情节和氛围自动调整颜色，以增强视觉效果和情感表达。

AIGC 上色技术的使用还降低了制作成本，使漫画创作者能够将更多的时间和精力投入创作原创内容和质量需求较高的作品上。随着技术的进一步发展，预计 AIGC 将在漫画创作的其他环节，如分镜绘制、角色设计等前期工作中发挥更大的作用，进一步推动行业的创新和发展。

6．动画行业

在动画行业中，AIGC 逐渐成为创新工具。部分动画制作公司已经开始利用 AIGC 来生成动画的部分场景，或者基于原画生成道具模型。这不仅优化了动画制作前期流程，还显著降低了制作团队之间的沟通成本。例如，通过 AIGC 自动生成的场景可以帮助制作团队快速传达视觉效果的风格需求，从而加速决策过程并提高效率。

7．网文行业

在网文行业中，AIGC 的应用尽管面临一些技术和实践的挑战，但已经开始在辅助创作方面显示出其独特的价值。现阶段，完全由 AIGC 生成的网文还未能广泛实现，原因在于当前大型 AIGC 模型在生成长篇连续文本时会存在记忆持续性和深度理解方面的局限，这些问题限制了 AIGC 在理解复杂剧情和维持文本一致性方面的能力。

目前，AIGC 技术已经在协助网络文学作者创作方面发挥了重要作用。AIGC 可以帮助作者设计复杂的角色性格和背景故事，提供创意的剧情发展思路，以及生成与文本内容匹配的插图。这些工具不仅可以提升创作效率，还能激发作者的创新灵感，帮助他们突破创作瓶颈。

8．计算机编程领域

AIGC 可以协助生成代码片段、程序、算法等，提供开发者编程的创新思路和解决方案。这种技术可以应用于软件开发、自动化编程等领域，帮助提高开发效率和便捷性。

4.1.4　AIGC 的常用工具

AIGC 的常用工具丰富多样，涵盖了文本、图像、音频、视频等多个领域，以下是一些常用的 AIGC 工具。

1．ChatGPT

ChatGPT（Chat Generative Pre-trained Transformer），是 OpenAI 研发的一款聊天机器人程序，于 2022 年 11 月 30 日发布。ChatGPT 是人工智能技术驱动的自然语言处理工具，它能基于在预训练阶段所见的模式和统计规律来生成回答，还能根据聊天的上下文进行互动，真正像人类一样来聊天交流，甚至能够完成撰写论文、邮件、脚本、文案、代码等任务。

2. 文心一言

文心一言是百度全新一代知识增强大语言模型，能够与人对话互动、回答问题、协助创作，高效便捷地帮助人们获取信息、知识和灵感。文心一言从数万亿数据和数千亿知识中融合学习，得到预训练大模型，并在此基础上采用监督精调、人类反馈强化学习、提示等技术，具备知识增强、检索增强和对话增强的技术优势。

用户在打开文心一言后，可以上传 PDF 文件、Word 文件、图片，或者输入指令，还可以使用文心一言内置的插件，如表 4-1 所示。

表 4-1　文心一言的内置插件

插件类型	说明	指令文本的示例
说图解画	基于图片进行文字创作、回答问题，帮助用户写文案、想故事，暂仅支持 10MB 以内的图片	请根据图片中的产品创作一篇软文
阅读助手	阅览文档，并基于文档完成摘要撰写、问答、创作等任务，支持 PDF 和 Word 格式，暂仅支持 10MB 以内的文件，不支持扫描件	请将文档中的文字翻译成英语
E 言易图	基于 Apache Echarts 提供数据洞察和图表制作帮助，目前支持柱状图、折线图、饼图、雷达图、散点图、漏斗图、思维导图（树图）	请用假设数据绘制学校录取率散点图；请用树状图展示××导演的电影
商业信息查询	爱企查提供商业信息检索能力，可用于查企业工商和上市等信息，查老板任职和投资情况	爱奇艺影业（北京）有限公司的注册资本是多少？北京智者天下科技有限公司的股东是谁？
TreeMind 树图	TreeMind 树图是新一代的 AI 思维导图软件，提供智能思维导图制作工具和丰富的模板，支持脑图、逻辑图、树形图、鱼骨图、组织架构图、时间轴、时间线等多种专业格式，利用先进的 AI 技术帮助用户高效学习与工作	请以鱼骨图的形式展示工作计划的关键；能否用思维导图写一份悬疑小说的故事大纲？

3. Midjourney

Midjourney 是一款 2022 年 3 月面世的 AIGC 绘画工具，用户只需输入关键字，就能通过人工智能产出相对应的图片，耗时只有大约 1 分钟。2023 年 5 月，Midjourney 官方中文版开启内测。用户可以选择不同画家的艺术风格，如安迪·华荷、达·芬奇、达利和毕加索等，还能识别特定镜头或摄影术语。

Midjourney 通过使用成千上万的摄影图片进行训练，具备了生成逼真图像的能力。这种技术不仅彻底变革了摄影艺术，也使每个人都能成为艺术家，在 Midjourney 的数字画布上创作出具有变革性想法的作品。

4. Kimi

Kimi 是北京月之暗面科技有限公司于 2023 年 10 月 9 日推出的一款智能助手，主要有 6 项功能，即长文总结和生成、联网搜索、数据处理、编写代码、用户交互及翻译，主要应用场景为翻译和理解专业学术论文、辅助分析法律问题、快速理解 API 开发文档等，是全球首个支持输入 20 万汉字的智能助手产品。

5. 讯飞听见

讯飞听见是由科大讯飞推出的以语音转文字为核心功能的系列产品和服务。讯飞听见

App 是一款语音转文字及多语种翻译的手机应用，同时支持多语种在线实时翻译、文档上传翻译。讯飞听见的手机端可以一站式完成录音、转写、翻译、编辑和导出。

依托科大讯飞的自然语言处理、声纹识别、语音识别等核心语音技术，讯飞听见形成了以讯飞听见网站、讯飞听见 App 等一系列智能语音转写技术为核心的产品和服务体系，能够满足多场景、多终端、多形式的语音转文字需求。

6. Runway

Runway 是一个专为创作者设计的智能制作工具，能够帮助用户快速、高效地完成从创意构思到视频输出的全过程。

Runway 的核心功能在于其强大的视频编辑和处理能力。通过内置的高效算法和丰富的素材库，用户能够轻松地将各种视频片段、音频、特效和字幕等元素融合在一起，创造出独具匠心的视频作品。无论是制作个人 Vlog、商业广告，还是进行电影剪辑，Runway 都能为创作者提供强大的技术支持。

7. Sora

Sora 是 OpenAI 发布的人工智能文生视频大模型，于 2024 年 2 月正式对外发布。Sora 背后的技术是在 OpenAI 的文本到图像生成模型 DALL-E 基础上开发而成的。

Sora 可以根据用户的文本提示创建最长 60 秒的逼真视频，该模型了解这些物体在物理世界中的存在方式，可以深度模拟真实的物理世界，能够生成具有多个角色、包含特定运动的复杂场景。Sora 继承了 DALL-E 3 的画质和遵循指令的能力，能理解用户在提示中提出的要求。

Sora 为需要制作视频的艺术家、电影制片人或学生带来无限可能，也标志着 AIGC 在理解真实世界场景并与之互动的能力方面实现了飞跃。

8. 豆包

豆包是字节跳动基于云雀模型开发的 AIGC 工具，提供聊天机器人、写作助手及英语学习助手等功能，它可以回答各种问题并进行对话，帮助人们获取信息，支持网页 Web 平台、iOS 以及安卓设备。

> **素养课堂**
>
> 新质生产力是创新起主导作用，摆脱传统经济增长方式、生产力发展路径，具有高科技、高效能、高质量特征，符合新发展理念的先进生产力质态。创新是新质生产力的核心之一，而 AIGC 是新质生产力的重要组成部分。在新的时代背景下，我们要树立勇于创新的精神，积极拥抱 AIGC 带来的新变化，培养自己的工具意识，利用 AIGC 工具提升自己的工作效率。

4.2　用 AIGC 工具辅助策划

创作者可以使用 AIGC 工具辅助策划，通过 AIGC 工具生成各种创意和想法，拓宽自己的思维边界，激发创作灵感，而且 AIGC 工具可以自动化解决一些烦琐的任务，如信息整理、生成初步方案等，节省时间和精力，提高策划工作的效率。

4.2.1 用 AIGC 工具提供选题思路

撰写软文的第一步就是确定选题，选题是软文创作的灵魂，一个优秀的选题可以吸引更多的关注，创造更大的价值，因此寻找新鲜、独特且有吸引力的选题对创作者来说十分重要。创作者运用 AIGC 工具可以源源不断地获得选题灵感和思路，在深度挖掘某一话题或者广泛寻找创意方面都能获得良好的效果。

通过 AIGC 工具获得选题思路的步骤如下。

1. 设定角色

创作者首先要给 AIGC 工具设定一个角色，让它更好地理解马上要做的工作内容。给 AIGC 工具设定角色是指为 AI 系统或智能机器人创建虚构的背景故事、特征、人格特质等，旨在让 AIGC 工具生成的内容更加有趣、富有深度，更适合其应用场景。

例如，"你是一位资深的软文创作者，接下来我会给你一个主题或事件，请你根据我提供的信息帮我撰写 5 个软文选题。"

2. 给出要求

为了使 AIGC 工具生成的选题能够更符合创作要求，并且最后能够成功落地，创作者要给 AIGC 工具提供选题生成的来源，如一个事件、一个主题或一个群体。

例如，"来到夏季，天气炎热，人们纷纷开始避暑。我想针对炎热夏季这个话题开发几个与饮料相关的选题，请为我提供 5 个与之相关的软文选题。"

文心一言给出的答案如下。

针对"炎热夏季"和"饮料"两个关键词，以下是我为您准备的 5 个软文选题。

1. **夏日清凉秘诀：解锁冰镇饮料的最佳搭配**

内容概述：介绍不同种类的冰镇饮料（如果汁、茶饮、气泡水等），并分享它们与各种食物（如烧烤、火锅、小吃等）的最佳搭配方法，帮助读者在享受美食的同时，也能找到最适合自己的清凉饮品。

2. **DIY 夏日特饮：教你制作几款简单易学的冷饮**

内容概述：介绍几款简单易学且材料常见的冷饮的制作方法，如柠檬蜂蜜水、薄荷冰茶、水果冰沙等，让读者在家中也能轻松制作出清爽解暑的饮品。

3. **从饮料到养生：了解夏季健康饮品的益处**

内容概述：探讨夏季健康饮品如绿茶、菊花茶、椰子水等的益处，它们不仅能帮助降温解暑，还具有一定的养生功效。同时，也可以提醒读者注意避免过量饮用含糖饮料。

4. **夏日饮品新潮流：探索全球热门夏日饮品文化**

内容概述：介绍全球各地流行的夏日饮品，如美国的柠檬水、意大利的冰激凌咖啡、泰国的椰奶冰沙等，让读者在品味不同文化的同时，也能找到新的饮品选择。

5. **清凉一夏：如何选择最适合自己的夏日饮品**

内容概述：针对不同人群（如儿童、老人等）的需求和身体状况，给出选择夏日饮品的建议。同时，也可以介绍一些适合特殊场合（如户外活动、聚会等）的饮品选择。

3. 反馈迭代

优秀的选题要有针对性。当看到 AIGC 工具给出的答案后，创作者可以给出具体的要求来帮助 AIGC 工具迭代答案，生成更合适的选题，可以从选题风格、面向人群、文案效果等方面来细化要求。借助 AIGC 工具虽然可以发散思维，但如果需求不明确、信息太少，AIGC 工具生成的选题可能并不会有太高的实用价值，不利于创作者应用到实际创作中。

例如，"上述选题应新颖、有趣、实用。对软文写作有实际指导作用，能够吸引读者阅读。""很好，接下来请你面向城市白领人群，给出 5 个更具有针对性的软文选题。"

文心一言给出的答案如下。

针对城市白领人群，以下是我提供的 5 个更具有针对性的软文选题。

1. 城市白领的夏日饮品攻略：如何快速恢复工作活力

内容概述：探讨适合城市白领在繁忙工作中快速恢复活力的夏日饮品，如富含维生素的果汁、含有咖啡因的提神茶饮等，并分享一些便捷的购买和制作方式。

2. 白领办公室必备：自制简易冷饮教程

内容概述：为城市白领提供一系列简单易学的自制冷饮教程，这些饮品不仅美味，而且制作材料简单，适合在办公室内快速制作享用，如水果冰棒、柠檬薄荷水等。

3. 职场养生新风尚：白领如何健康饮用夏日饮品

内容概述：针对城市白领的健康需求，介绍一些具有养生功效的夏日饮品，如蜂蜜柚子茶、枸杞菊花茶等，并分享如何根据个人体质和季节变化选择合适的饮品。

4. 白领下午茶时光：品味全球经典茶饮文化

内容概述：介绍全球各地经典的下午茶饮品文化，如英国的伯爵茶、法国的巴黎香榭丽舍咖啡等，并分享如何在繁忙的职场中找到一丝闲暇，享受下午茶的美好时光。

5. 白领减压秘诀：一杯夏日饮品如何助你释放压力

内容概述：探讨夏日饮品如何帮助城市白领释放工作压力，如一些具有舒缓放松功效的花草茶、含有天然香料的热饮等，并分享一些在紧张工作中快速放松的小技巧。

---

4. 细化选题

反馈迭代后获得的选题更加符合创作者的需求，这时可以选择其中感兴趣的选题，要求 AIGC 工具进行细化，从而让撰写内容变得更加容易。

例如，"这几个选题中第 1～3 个比较实用，可以按照这几个选题的角度再细化 5 个选题。"

文心一言给出的答案如下。

针对您提到的第 1 至第 3 个更为实用的选题，我为您细化了以下 5 个更具针对性的软文选题。

1. 白领快速充电站：夏日提神饮品 TOP 榜

内容概述：列出几款特别适合城市白领在夏日快速提神、恢复活力的饮品，如含有绿茶、咖啡因或维生素的饮品，并解释它们如何帮助白领提高工作效率。

2. 3 分钟 DIY：办公室里的简易冰饮制作秘籍

内容概述：针对在办公室内无法外出购买饮品的白领，提供一系列简单快捷的自制冰饮方法，包括所需材料和制作步骤，确保在 3 分钟内就能完成。

3. 白领养生秘诀：夏日饮品中的健康密码

内容概述：详细解析几款夏日饮品中的健康成分，如抗氧化剂、维生素、矿物质等，并给出如何在日常饮食中结合这些饮品以达到养生效果的建议。

---

4. 白领办公室饮品推荐：从口感到功效的全方位指南

内容概述：针对不同类型的白领（如程序员、设计师、市场人员等），推荐适合他们工作特点和健康需求的饮品，并解释这些饮品如何帮助他们提高工作效率和保持健康。

5. 夏日饮品选购指南：白领如何避开"甜蜜陷阱"

内容概述：针对市面上琳琅满目的含糖饮料，为白领提供一份选购指南，教他们如何识别并避开高糖饮品，同时推荐一些更健康、低糖的饮品。

知识链接

在进行选题策划时，创作者还可以向 AIGC 工具输入以下指令来获得更多的选题灵感。

（1）请你围绕×××主题，给我5个文案选题。

（2）请你面向××领域自媒体博主，构思5个文案选题。

（3）请你针对职场人士，给出5个新媒体文案选题，要求：围绕 AIGC 对职场人士的影响，制造一定的紧迫感，吸引用户阅读并了解更多内容。

（4）你是一位资深的新媒体文案创作者，最近××非常火爆，请你围绕这个主题给出5个选题，要求适合在小红书平台发布。

（5）你现在是一位内容营销专家，你要针对我提出的问题提供建议。我是一位小红书博主，我的定位是××达人，请帮我想5个该领域的热门选题。

4.2.2 用AIGC工具构建软文框架

软文框架，就是软文的组织结构和架构，它决定了软文的信息传递效果和用户的阅读体验。好的软文框架能够使用户在阅读过程中保持兴趣，轻松理解创作者的意图，从而达到信息的有效传播；反之，如果软文框架混乱，即使内容再精彩，也难以引起用户的兴趣，甚至可能使用户产生困惑。

在构建软文框架时，创作者可以按照以下步骤进行操作。

（1）确定主题与目的。在开始写作之前，首先明确软文的主题和目的，这是构建软文框架的基础。

（2）组织结构。根据主题和目的设计软文的结构，包括引言、正文和结论等部分，确保结构清晰，逻辑严密。

（3）段落划分。合理划分段落，使软文层次分明，每个段落要有一个明确的主题，避免内容混杂。

（4）使用标题与要点。适当的标题和要点能够引导用户理解软文的具体内容，提高阅读效率。

（5）反复修改与优化。完成初稿后，仔细审查和修改软文框架，确保其清晰、完整。

在使用 AIGC 工具构建软文框架时，创作者可以按照以下步骤进行操作。

1. 给出要求

创作者可以向 AIGC 工具提供软文的选题或主题，直接向 AIGC 工具提出要求。例如，

"我想写一篇微信公众号软文，主题是'汽车品牌之间的对比'，现在请帮我撰写这篇软文的框架和大纲。"

使用文心一言获得的答案如下。

汽车品牌之间的对比：谁才是你的最佳选择?

一、引言
1. 引出汽车市场的繁荣与多样性。
2. 强调消费者在选择汽车品牌时的困惑与纠结。
3. 简要介绍本文将对比的几大主流汽车品牌。

二、品牌历史与文化
1. A 品牌：起源、发展历程及价值观
    创始故事；
    经典车型回顾；
    品牌文化特色。
2. B 品牌：传承与创新
    百年品牌的历史积淀；
    技术创新的代表车型；
    品牌在全球市场的影响力。
3. C 品牌：年轻、时尚与活力
    新兴品牌的崛起之路；
    独特的设计理念与市场定位；
    与年轻消费者的互动与沟通。

三、产品性能与技术对比
1. 动力系统
    各品牌发动机技术解析；
    燃油效率与环保性能对比；
    新能源汽车技术的布局与进展。
2. 操控与安全
    底盘调校与悬挂系统；
    主动安全技术配置；
    碰撞测试与安全评级。
3. 内饰与配置
    材质与设计风格；
    智能化配置与互联科技；
    舒适性与实用性评估。

四、售后服务与品牌口碑
1. 售后服务体系
    维修保养网络覆盖；
    保修政策与服务质量；
    客服响应与问题解决能力。

　　2. 品牌口碑与用户评价

　　　　车主满意度调查；

　　　　社交媒体上的品牌声誉；

　　　　权威机构评选与奖项荣誉。

五、案例分析：具体车型对比

　　1. 紧凑型轿车市场

　　　　A 品牌车型与 B 品牌车型对比；

　　　　车型参数对比；

　　　　实际驾驶体验与用户反馈。

　　2. SUV 市场

　　　　C 品牌车型与竞品对比；

　　　　空间布局与实用性；

　　　　越野性能与通过性。

六、结论与建议

　　1. 总结各品牌的优势与劣势。

　　2. 根据不同消费者需求推荐合适的品牌与车型。

　　3. 强调购车前的理性分析与试驾体验的重要性。

七、互动环节

　　1. 邀请读者分享自己的购车经历与心得。

　　2. 设立投票环节，让读者选择自己最喜欢的汽车品牌。

　　3. 提供联系方式，方便读者咨询与交流。

2. 反馈迭代

　　创作者可以针对 AIGC 工具生成的框架大纲反馈自己在实际撰写中可能遇到的困难，要求 AIGC 工具根据反馈的建议进行优化。例如，看到 AIGC 工具生成的内容后，创作者突然想到，自己要创作的软文目标受众为年轻用户群体，目前的风口是新能源汽车，而软文所要宣传的也是新能源汽车品牌，因此可以向 AIGC 工具提出以下反馈，要求其做出调整。

　　"软文的受众是年轻群体，请结合用户定位调整软文框架大纲，着重突出新能源汽车品牌与外观设计新颖的汽车品牌。"

　　文心一言给出的答案如下。

新能源汽车与时尚设计：年轻群体的购车新选择！

一、引言

　　1. 引出年轻群体对汽车的新需求：时尚、环保、科技。

　　2. 强调新能源汽车与外观设计新颖的汽车品牌对年轻消费者的吸引力。

　　3. 简要介绍本文将对比的新能源汽车品牌和时尚设计汽车品牌。

二、新能源汽车品牌对比

　　1. 绿色环保理念

　　　　介绍新能源汽车品牌的环保理念与承诺；

　　　　对比不同品牌在电池续航、充电速度等方面的表现。

　　2. 技术创新与应用

　　　　展示新能源汽车品牌在自动驾驶、智能互联等方面的技术成果；

探讨这些技术如何提升驾驶体验和安全性。

3. 年轻化品牌形象

分析新能源汽车品牌如何通过设计、营销等手段吸引年轻消费者；

举例说明品牌与年轻文化、潮流元素的结合。

三、时尚设计汽车品牌解析

1. 独特外观设计

强调时尚设计品牌在汽车外观上的创新与突破；

分析这些设计如何体现年轻、个性、运动等元素。

2. 内饰与配置

介绍时尚设计品牌在内饰材质、设计风格、科技配置等方面的特色；

突出品牌如何打造高品质、个性化的驾乘空间。

3. 跨界合作与品牌活动

展示时尚设计品牌与时尚、艺术、娱乐等领域的跨界合作案例；

介绍品牌举办的各类活动，如设计大赛、车主聚会等，以加强品牌与年轻消费者的互动。

四、具体车型对比

1. 新能源汽车车型

对比不同品牌在续航里程、充电时间、加速性能等方面的表现；

评估这些车型在年轻消费者中的接受度和口碑。

2. 时尚设计车型

展示具有独特设计元素的车型，如流线型车身、炫酷轮毂等；

分析这些车型如何满足年轻消费者对时尚、个性的追求。

五、购车建议与体验

1. 购车建议

根据年轻消费者的需求和预算，推荐合适的新能源汽车品牌和时尚设计车型；

强调试驾体验的重要性，建议消费者亲自感受车型的性能和舒适度。

2. 购车体验分享

邀请年轻车主分享他们的购车经历和心得，提高文章的可读性和互动性；

设立问答环节，解答读者在购车过程中遇到的问题和疑虑。

六、结语

1. 总结新能源汽车和时尚设计汽车品牌对年轻消费者的吸引力。

2. 强调年轻群体在购车时应注重环保、时尚、科技等方面的需求。

3. 鼓励年轻消费者积极拥抱新能源汽车，为未来的可持续出行做出贡献。

小技巧

AIGC 工具生成的框架在整体结构上会比较全面，但每一板块的内容可能过于宽泛，创作者可以针对具体的板块要求 AIGC 工具进一步细化。在一些个性化的写作上，创作者也应为 AIGC 工具提供更加具体的撰写信息。

4.3 用AIGC工具辅助写作

创作者使用AIGC工具辅助写作时，可以利用AIGC工具快速生成文本草稿，获得相关信息和素材，节省查找资料和构思的时间，大幅度提高写作效率。AIGC工具还可以提供多样化的词汇，让文案表达更丰富、更精准；另外，AIGC工具可以进行语法纠错，提供多样化的风格，补充相关领域的知识和背景信息，协助创作者对某个主题进行更全面、更深入的阐述。

4.3.1 用AIGC工具优化标题

一个好的标题可以快速吸引用户的注意力，使软文获得更多的曝光，从而为账号带来更多潜在的粉丝。

在新媒体平台上，用户喜爱的标题风格有所不同，对于创作者来说，快速了解不同平台的软文风格很重要，而创作者可以使用AIGC工具来优化标题，提升标题的质量和产出效果。下面是使用AIGC工具优化软文标题的步骤。

1. 设定角色

想快速写出符合预期的爆款标题，创作者首先要给AIGC工具提供对应的案例，AIGC工具可以从中提炼创作者所预期的标题的共同特点。

例如，"你现在是一位非常优秀的软文创作者，接下来我给你发送5条小红书风格的爆款笔记标题，请你总结这些标题的共同点。"

2. 提供参考

创作者向AIGC工具提供5条小红书风格的笔记标题，AIGC工具会通过分析这些案例，总结其共同点。

例如，创作者给出以下标题。

> 1. 家人们！反季纯色纯棉短袖来了。
> 2. 感觉这家店铺看起来平平无奇，他家的衣服上身好好看。
> 3. 服装卖货，从月均2万元到50万元，她做对了什么？
> 4. 48种热门服装风格合集，你知道几种？
> 5. 你可以永远相信基础纯色T恤！12个颜色！

文心一言给出的答案如下。

> 这些小红书风格的爆款笔记标题的共同点可以总结为以下几点。
>
> 1. 明确主题。每个标题都围绕"服装"或"穿搭"这一主题展开，直接指向了目标受众的兴趣点。
>
> 2. 吸睛元素。使用了诸如"家人们！""来了""好看""做对了什么？""热门风格合集""永远相信"等词汇和句式，增加了标题的吸引力和好奇心，让读者想要一探究竟。
>
> 3. 数字或数据。部分标题中使用了数字，如"48种""12个颜色""月均2万元到50万元"，这些数字不仅让内容更具量化感，也更容易吸引读者注意。
>
> 4. 简洁明了。标题相对简短，没有冗余词汇，能够迅速传递信息，让读者在浏览时快速理解并产生兴趣。
>
> 5. 情绪调动。通过用词和句式，标题有效地调动了读者的情绪，如"平平无奇，

上身好好看"的对比,以及"你可以永远相信"的肯定语气,都激发了读者的购买欲望或探索兴趣。

6. 实用性。标题中隐含或明确提到了产品的实用性或价值,如"反季纯色纯棉短袖""基础纯色 T 恤"等,让读者觉得这些产品是他们可能需要或感兴趣的。

7. 分享性。标题带有一定的分享性质,如"家人们!"这样的称呼,以及通过提问或列举风格来吸引读者参与和讨论。

这些共同点使得这些标题在小红书平台上更容易成为爆款,吸引大量用户的关注和互动。

3. 拟写标题

创作者可以要求 AIGC 工具根据这些共同点,撰写符合小红书平台特征并围绕指定主题的爆款标题,这样创作出来的标题会更加符合实际需求。

例如,创作者提出:"很好,请你根据这些共同点,围绕'连衣裙推荐'这个主题再写 5 条小红书标题。"

文心一言给出的答案如下。

以下是围绕"连衣裙推荐"这个主题,根据之前总结的共同点创作的 5 条小红书标题。

1. 夏日限定!绝美连衣裙大赏,你的心动款是哪款?

使用了"夏日限定"和"绝美"等词汇来吸引眼球,同时提问的句式也激发了读者的探索欲。

2. 小众连衣裙分享!穿上秒变气质女生!

"小众"和"气质女生"等词汇强调了连衣裙的特色和穿上后的效果,对追求独特和气质的读者有吸引力。

3. 连衣裙控必入!从甜美到成熟,7 种风格任你选!

"连衣裙控必入"直接针对目标受众,同时"7 种风格"也体现了内容的丰富性。

4. 爆款连衣裙来袭!显瘦又百搭,穿上立显甜美感!

"爆款"和"显瘦百搭"突出了连衣裙的流行度和实用性,同时"甜美感"也符合小红书用户偏爱的风格。

5. 连衣裙选购指南!从材质到款式,一篇全搞定!

"选购指南"体现了内容的实用性和专业性,对于想要了解连衣裙选购知识的读者有吸引力。

4. 反馈迭代

如果创作者对 AIGC 工具生成的标题仍然不满意,可以进行反馈,让 AIGC 工具再次优化,但要在反馈时尽量给出不满意的原因,提出优化的具体要求,如增加什么细节。

例如,创作者提出:"第 5 个标题有些平淡,没有吸引力,可以加上材质、款式的类型数量,增加读者的选择,请你再优化一下这几个标题。"

文心一言给出的答案如下。

当然,考虑到第 5 个标题可以增加一些具体的细节来吸引读者,我为您优化后的标题如下。

1. 夏日限定!绝美连衣裙大赏,你的心动款是哪款?

2. 小众连衣裙分享!从蕾丝到棉麻,穿出你的独特气质!

这里加入了材质"蕾丝"和"棉麻",使标题更具细节和吸引力。

3. 连衣裙控必入！甜美、复古……8 大风格任你选！

细化了风格分类，从"7 种"增加到了"8 大"，并列举了部分风格，使读者更
有选择感。

4. 爆款连衣裙来袭！显瘦雪纺、百搭棉麻，轻松 get 甜美风！

加入了"雪纺"和"棉麻"这些具体的材质，并强调了穿搭后的效果"甜美风"。

5. 连衣裙选购宝典！5 大材质+10 款流行款，一篇全掌握！

增加了"5 大材质"和"10 款流行款"的具体数量，使标题更具吸引力和实用性。

4.3.2 用 AIGC 工具提取关键词

AIGC 工具提取关键词使用的是自然语言处理技术。首先，AIGC 工具可以使用分词算法
将文本拆分成单词或短语，然后使用词频统计来确定哪些词在文本中出现频率较高。其次，
AIGC 工具还可以使用词性标注来识别名词、动词等关键词。另外，AIGC 工具还可以使用文
本摘要算法来提取文本的主要内容。综合利用这些技术，AIGC 工具可以准确地提取出关键
词，帮助用户更好地理解和处理文本数据。

AIGC 工具提取关键词的详细步骤和要点如下。

1. 明确目标

首先，明确想要从软文中提取的关键词类型。例如，创作者可能想要提取与产品特性、
目标受众、行业趋势等相关的关键词。

2. 选择适当的 AIGC 工具

市面上有许多 AIGC 工具可以帮助提取关键词，如语料库宝典和文本探索家等。这些工
具通常运用自然语言处理技术和机器学习技术来分析和提取文本中的关键信息。

3. 准备软文

将想要提取关键词的软文准备好，确保文本格式清晰、易于处理。如果软文包含大量图
片、视频或其他非文本内容，就需要创作者先将这些内容转换为文本格式。

4. 使用 AIGC 工具提取关键词

AIGC 工具通常会对软文进行预处理，包括分词、去除停用词、词性标注等操作，以便
更好地理解文章内容。

AIGC 工具会从软文中提取关键词、主题等特征。这些特征可能包括出现频率较高的词
语、与文章主题相关的词语等。根据提取到的特征，AIGC 工具会生成与软文内容相关的关
键词列表。这些关键词可能会按照重要性、相关性或其他指标进行排序。

5. 评估和调整

检查 AIGC 工具生成的关键词列表，确保它们与自己的期望相符。如果发现某些关键词
不准确或不符合要求，可以尝试调整 AIGC 工具的设置或参数，以优化结果。

6. 注意事项

不同的 AIGC 工具在提取关键词时，可能具有不同的准确性和性能。在选择 AIGC 工具
时，要查看其他用户的评价和测试结果，以确保其能够满足自己的需求。

虽然 AIGC 工具可以快速生成关键词列表，但在实际应用中建议结合人工审核来确保结
果的准确性和相关性，因为人工审核可以帮助发现并纠正任何可能的错误或遗漏。

对于包含复杂逻辑、专业术语或特殊格式的软文，AIGC 工具可能无法完全准确地提取关键词。在这种情况下，创作者可以采用更复杂的自然语言处理技术或结合人工处理来提取关键词。

接下来以文心一言为例，介绍使用 AIGC 工具提取关键词的方法。

第一步，在文心一言对话框中输入得力文具的软文《一支笔的告白》，要求文心一言提炼软文的 5 个关键词。

下面是得力文具的一篇软文《一支笔的告白》，请你为这篇软文提炼出 5 个关键词：你知道吗？因为你，我学会了舞蹈。当灯光亮起，当你轻拢指尖，我的脚步也如丝般顺滑。你常说，生活未必一切顺利，但总要有一气呵成的勇气。我想说，我愿用流畅的笔记，陪你书写成长中的每一段经历。有时候，你也会有情绪，一次不该犯的错误，一些付诸东流的辛苦付出，但你说，摔倒了也没关系，大不了拍拍尘泥，站起来继续。我想说，我也要用抗摔和耐力，与你刻画成长中的每一次磨砺。有时候我会想，那些难过的决定，会不会只是说说而已。你却说，改变就看毅力，拖泥带水，努力就会变成儿戏。我也会用速干的特技，帮你把干脆的选择记在心里。嘿，朋友，请接受我的告白，是你让我明白，那些暗夜灯光下的无心之笔，都将成为人生中的浓墨重彩；你的每一次下笔，都充满朝气；你的每一次留白，都留给未来。在成长的路上，我想一直陪你，愿你笔笔皆得力，步步皆美好。

文心一言给出的答案如下。

> 这篇软文《一支笔的告白》的 5 个关键词提炼如下。
> 1. 陪伴成长。文中多次提到笔陪伴着用户成长，共同书写每一段经历，体现了笔作为工具在人生旅程中的陪伴作用。
> 2. 流畅书写。笔用"流畅的笔记"来描述自己的特性，暗示其书写顺畅，能够帮助用户更好地表达。
> 3. 抗摔耐力。笔表示要用"抗摔和耐力"与用户一起刻画成长中的磨砺，展现了其耐用、可靠的特点。
> 4. 速干特技。文中提到笔有"速干的特技"，这是笔的另一个功能特点，强调其书写后可以快速干燥，方便使用。
> 5. 步步皆美好。结尾表达了对用户的美好祝愿，希望他们每一步都充满美好，体现了品牌对用户的美好祝愿和期许。

第二步，反馈迭代，评估和调整，例如，"软文中出现品牌名称，品牌名称也应成为关键词之一，请添加'得力'作为关键词，并替换其中一个关键词。"

文心一言给出的答案如下。

> 将"步步皆美好"这个较为抽象的关键词替换为具体的品牌名称"得力"，并同时保留"得力"作为关键词之一，以下是修改后的 5 个关键词。
> 1. 陪伴成长。文中描述了笔陪伴用户成长的过程，体现了品牌的陪伴与支持。
> 2. 流畅书写。文中强调了得力文具笔流畅书写的特点，帮助用户更好地表达。
> 3. 抗摔耐力。得力文具笔具备抗摔和耐力的特性，与用户一起面对成长中的磨砺。
> 4. 速干特技。得力文具笔具有速干的特技，方便用户快速书写，不耽误时间。
> 5. 笔笔皆得力。"得力"是品牌名称，直接体现了软文的推广对象，即得力文具品牌。

4.3.3 用AIGC工具润色正文

文案润色是提升写作质量、确保表达准确的一项不可或缺的环节。这一环节涉及对语法、标点以及整体结构的精细检查，以确保文案更加流畅、清晰，表达更加准确、精练。

教学视频

用AIGC
工具润色正文

在进行文案润色之前，首先需要明确的是，文案润色并非简单的拼写检查，而是一项综合性的任务，需要对整篇文案有全局性的把握。以下是常见的文案润色步骤。

（1）语法检查。仔细检查文案中的语法错误，包括主谓一致、时态一致等问题。正确的语法可以使文案更加通顺易懂。

（2）拼写检查。可以使用拼写检查工具，查找文案中可能存在的拼写错误。拼写错误可能会影响读者对文案的信任度。

（3）标点检查。确保标点的正确使用，包括句号、逗号、分号等。适当的标点使用有助于提高文案的流畅度。

（4）段落结构。仔细审查文案的段落结构，确保逻辑清晰、过渡自然。每个段落都应该有明确的主题句，以及合适的支持性论据。

（5）词语选择。确保文案中使用准确、恰当的词汇，避免使用模糊或不准确的表达方式。精准的词语可以更好地传达创作者的意图。

现在很多AIGC工具除了智能纠错，还具备文本补全、扩写、改写等功能，为软文写作带来了更多的可能性。例如，由腾讯AI Lab倾力打造的文涌编辑器Effidit，就是一款功能丰富的写作辅助工具。它集纠错、文本补全、改写及扩写等多种智能功能于一身，致力于提升写作者的工作效率与写作体验。文涌编辑器Effidit擅长各类文本补全，如短语补全、检索式句子补全及自动续写等，能够有效激发创作灵感，大幅提高写作效率。

例如，当创作者在左侧文本框内输入软文后，可以单击"文本补全"按钮，Effidit会智能生成后面的内容，且生成的内容与主题密切相关，如图4-2所示。

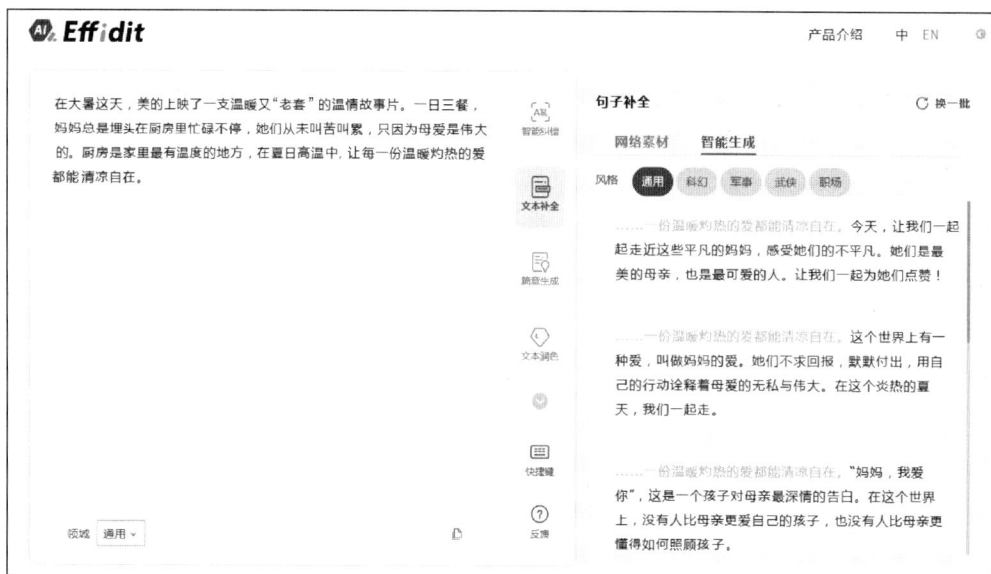

图4-2　智能生成内容

创作者也可以单击"文本润色"按钮，选择"普通改写"模式，单击"开始改写"按钮，将软文改写成更清晰、更通顺的内容，如图 4-3 所示。

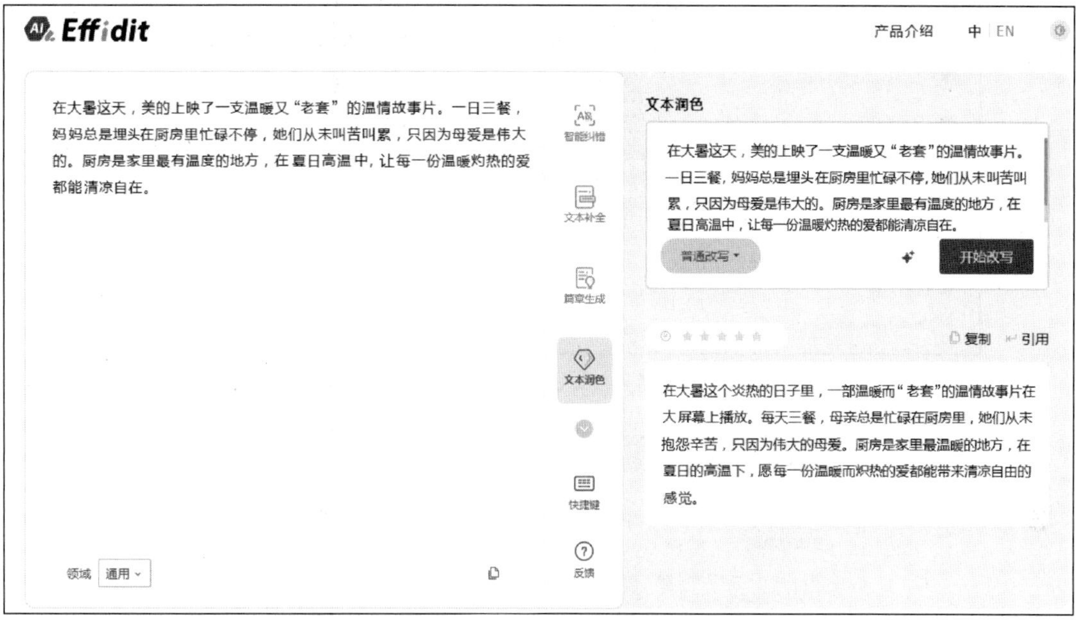

图 4-3　改写文本内容

4.3.4　用 AIGC 工具生成创意文案

在商业推广过程中，创意文案的作用至关重要。创意文案可以通过独特、有趣或引人深思的内容，迅速吸引目标受众的注意力，使其在众多信息中脱颖而出，从而达到促进产品销售、建立品牌形象的目的。

在撰写创意文案时，创作者也可以使用 AIGC 工具。除了百度的文心一言，抖音推出的豆包也是一款功能强大的 AIGC 工具。下面以豆包为例，介绍使用 AIGC 工具生成创意文案的方法。

教学视频

用 AIGC
工具生成
创意文案

如果创作的是产品推广文案，创作者可以按照以下思路来引导 AIGC 工具生成创意文案。

1. 输入产品特点，分析目标受众

使用 AIGC 工具时，创作者要尽可能详细地描述所要推广产品的特点，让 AIGC 工具分析目标受众的需求和喜好，以撰写出更具针对性的文案。

例如，创作者在豆包对话框中输入指令："我需要写一篇桃李牌早餐面包的推广文案，这款早餐面包的特点：口感松软、香甜，口味丰富。请帮我分析一下这款早餐面包的目标受众。"

豆包给出的答案如图 4-4 所示。

2. 确定文案风格

创作者可以引导 AIGC 工具根据目标受众的特点，确定文案的风格。例如，创作者在豆包对话框中输入指令："请根据目标受众，帮我设定桃李牌早餐面包推广文案的风格。"

豆包给出的答案如图 4-5 所示。

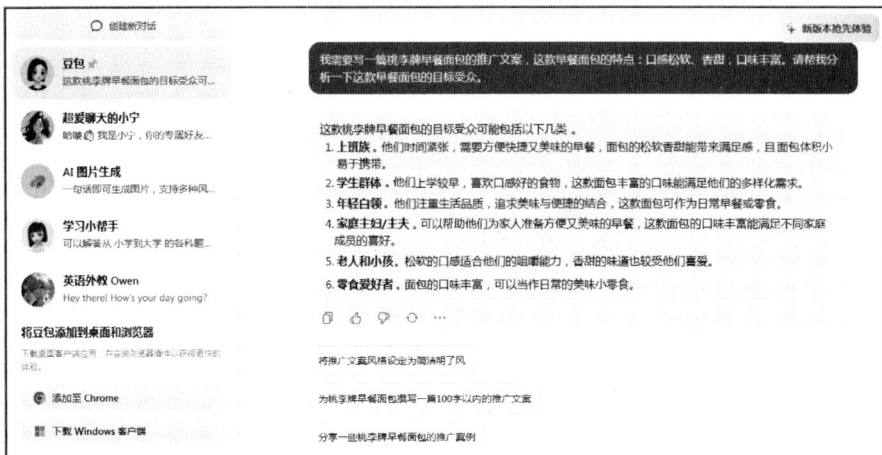

图 4-4　豆包分析目标受众

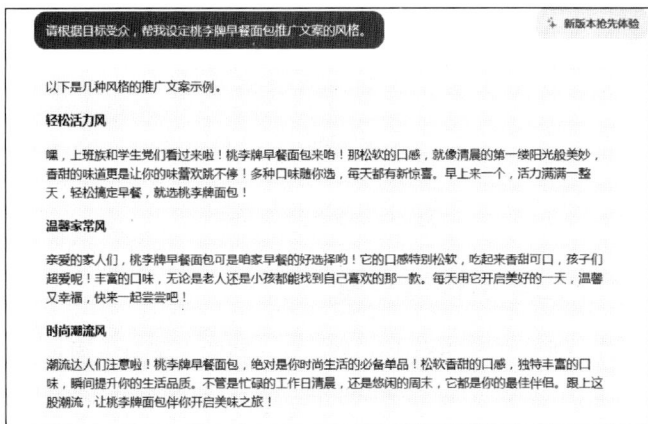

图 4-5　豆包确定文案风格

3. 撰写相应文案

创作者继续输入指令："请你按照温馨家常风，为桃李牌早餐面包撰写一篇产品推广文案，突出其优势，强调温馨的情感。"

豆包给出的答案如图 4-6 所示。

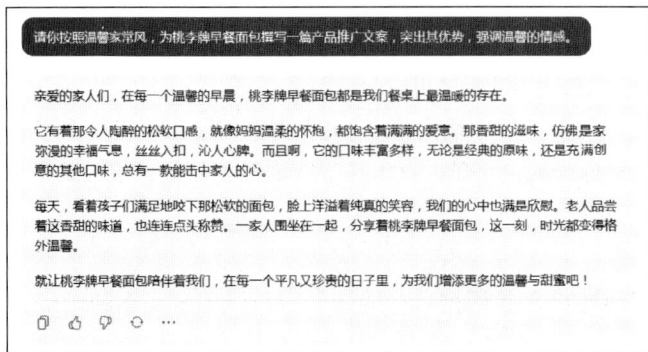

图 4-6　豆包撰写相应文案

4. 调整优化

创作者要对创意文案的细节进行调整和优化，使其更具有吸引力。我们经过观察就会发现，豆包生成的文案虽然语句通顺，有生动的场景，但其中涉及儿童、老人和一家人，人群范围过于广泛，可使其集中于儿童，生成更具有针对性的场景文案。

例如，创作者输入指令："请你将视角对准儿童吃早餐这一独特场景，使文案更彰显亲子氛围，强化桃李牌早餐面包饱含的长辈对孩子的关怀和浓浓的亲情。"

豆包给出的答案如图 4-7 所示。

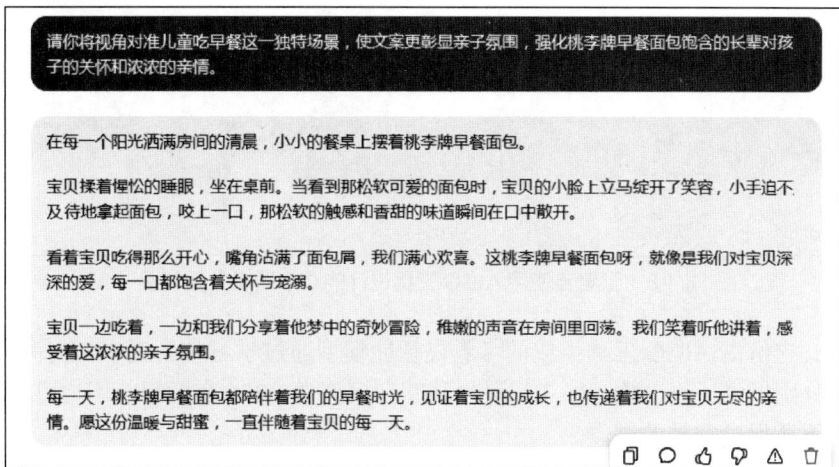

图 4-7　经过调整优化后豆包提供的文案

素养课堂

在软文营销中，我们要树立工具意识。工具意识是指人们对于使用工具来解决问题、提升效率的意识，强调的是对工具的认知、选择、使用和优化，以进行更高效的工作。树立工具意识需要我们保持开放的心态、积极的学习态度、实践的精神，以及持续改进的意愿。只有这样，我们才能在不断变化的环境中保持竞争力，实现个人和组织的持续发展。

课堂实训：王老吉利用 AIGC 工具进行营销分析

1. 实训背景

饮料品牌王老吉在 2023 年 5 月放出一组由 AIGC 工具设计的新包装，这组定制罐以"中国风"为主题，分别以国家文物和中国文化中的自然意象为灵感，将山溪月色、千里江山、登高望秋、青松凌云的文化意境融汇于国潮风格的设计中，从概念输出到视觉呈现，令人眼前一亮，如图 4-8 所示。

紧接着，王老吉又在"高考季"节点，联合百度文心大模型，为考生精心准备了一份高考模拟卷，帮助学子们温故知新，为高考加油打气。

教学视频

王老吉利用
AIGC 工具
进行营销分析

图 4-8　王老吉使用 AIGC 工具设计的"中国风"新包装

据了解，这份由 AIGC 工具生成的考卷是智能模型通过学习整合近十年高考考点进而筛选组成的，分别提供了语、数、外 3 门科目共 9 套模拟卷、276 道题目。用户可以线上作答、查看解析并下载保存完整的试卷。

2. 实训要求

请同学们分析案例中王老吉利用 AIGC 营销的思路，并利用百度文心一言为王老吉撰写高考热点文案。

3. 实训思路

（1）讨论案例

请同学们分析案例中王老吉利用 AIGC 营销的思路，请考虑王老吉设计中国风新包装时可以使用哪些 AIGC 工具？设计高考模拟卷时除了百度文心一言，还可以使用哪些 AIGC 工具？

（2）撰写软文

请同学们在网络上搜集王老吉的相关产品信息，并结合高考热点，使用百度文心一言为王老吉撰写一篇结合热点的营销软文，要求按照利用 AIGC 工具提供选题思路、构建软文框架、优化标题、润色正文等步骤撰写。

课后思考

1. 简述 AIGC 的类型。
2. 简述通过 AIGC 工具获得选题思路的步骤。
3. 简述引导 AIGC 工具生成创意文案的思路。

第5章

新媒体平台软文写作

新媒体平台软文是指发布在新媒体平台上的，以软性植入的方式传播商业信息的文章。这些文章通常以故事性、知识性或娱乐性的内容为主，通过精心设计的情节和表达方式，巧妙地融入品牌或产品的信息，以达到推广和营销的目的。在新媒体时代，新媒体平台软文是企业营销的重要手段，撰写者要掌握在不同的新媒体平台撰写并发布软文的技能，这样才能更好地发挥软文营销的效果。

学习目标

➢ 了解微信、微博、小红书、今日头条等软文的特点与类型。
➢ 了解短视频平台与直播平台软文的特点与类型。
➢ 掌握不同新媒体平台软文的写作技巧。

素养目标

➢ 培养社会责任感，撰写体现正能量、社会新风尚的营销软文。

案例导入　野兽派花店的微博软文营销

野兽派花店是国内第一家开在微博上的花店，起初它没有实体店、网站或淘宝店，仅凭微博宣传和销售，成功发展成为今天的知名花艺品牌。经过十余年的运营，如今野兽派花店从最初的传奇花店成长为知名艺术生活方式品牌，其产品横跨香水香氛、家居装饰、家居服与艺术品等领域，以自然优雅的设计、富有情感的表达深受广大消费者的喜爱。

教学视频

野兽派花店的微博软文营销

野兽派花店的微博软文常借助故事营销、情感营销与事件营销，不仅是卖产品，更多的是向用户传递动人的故事和真挚的情感，用独特的表达方式使每束花都富有情感和故事性，吸引了大量粉丝，如今它的微博粉丝数超百万。

2024年端午节之际，野兽派花店以该热点节日为主题，巧妙构思内容并发布了微博软文，得到很多粉丝的浏览与关注。这篇微博软文简短精练，主题明确，实时性强，融入了我国的民间传统习俗，配图精美（见图5-1），受到众多粉丝的围观与喜爱，达到了良好的营销效果。

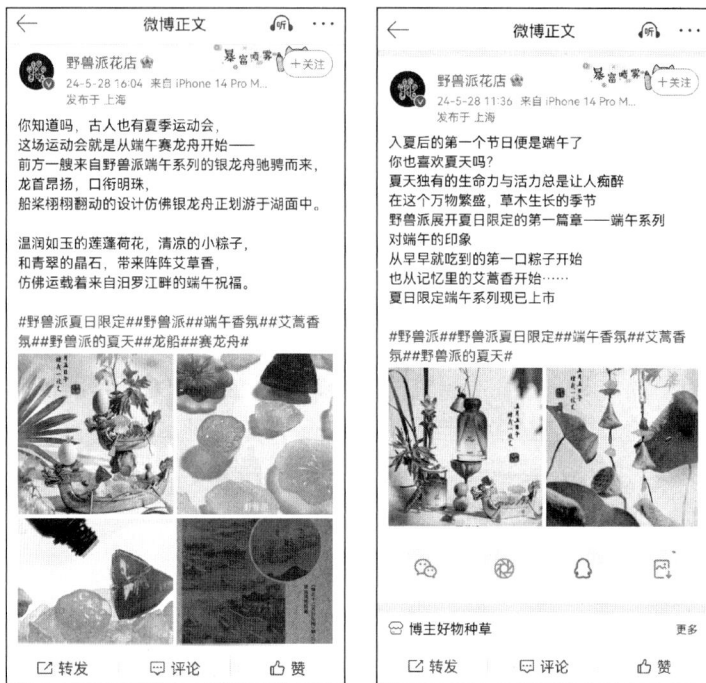

图 5-1 "野兽派花店"的微博软文

5.1 微信软文写作

如今，微信不仅是一个用户规模庞大的社交平台，更是一个大型的商业交易平台，企业或个人可以利用微信进行品牌、产品或服务的营销。微信软文营销是一种利用微信平台发布有吸引力的文章，以推广品牌、产品或服务的营销方式。

5.1.1 微信软文的特点

微信软文作为一种在微信平台上广泛传播的营销文案，具有以下显著的特点。

1. 篇幅短小精悍

由于微信软文主要在手机上被查看，因此字数不能过多，一般建议将链接形式的软文控制在 3~4 页内，内容越精简越好。在朋友圈发图文信息时，建议不要超过 6 行，以避免被折叠。为了便于阅读和理解，微信软文通常采用短句，重点清晰、不啰唆。

2. 配图大小适中且构图简洁

手机屏幕的分辨率和尺寸限制了图片的显示效果，因此微信软文配图应大小适中，构图简单，色彩鲜明，以确保在手机屏幕上能够被清晰展示。图片不仅能够美化软文界面，还能辅助呈现文字内容，提高阅读体验。

3. 超级链接不宜过多

由于手机打开链接浏览页面不是很方便，过多的链接可能会导致用户无法顺利返回软文界面，从而影响用户体验。因此，在软文中嵌入链接时应保持适度，确保用户能够方便地浏览和返回。

4. 注重互动性和趣味性

微信软文通过设定互动环节（如调查问卷、竞猜游戏、参与抽奖等），鼓励用户参与和分享，增加用户的参与度和黏性。内容方面，微信软文追求生动有趣，用词尽量生活化，以吸引用户的注意力和兴趣。

5. 传播速度快且影响面广

微信作为一个拥有庞大用户群体的社交平台，其信息发布便捷，传播速度快。一旦软文受到用户的关注和转发，其影响面将迅速扩大，有助于提升品牌形象和知名度。

5.1.2　微信软文的表现形式

微信软文的表现形式主要有两种，一种是朋友圈软文，一种是公众号软文。

1. 朋友圈软文

朋友圈软文是指通过在朋友圈分享趣味性的内容、社会热点、个人感悟、咨询求助和专业知识等来进行营销，如图 5-2 所示。这种微信软文的特点是简短精练，长度最好控制在 6 行以内，100 个字左右最佳，一天分享的软文数量最好为 5~8 条。

图 5-2　微信朋友圈软文

2. 公众号软文

微信公众号包括订阅号和服务号，公众号软文中被使用最多的是订阅号软文。撰写者需要具有专业的软文策划与撰写能力。订阅号软文的特点是内容要尽量口语化，每句话不要太长，最好保持在 20 个字以内；如果文字太多，需要使用逗号或顿号隔开；段落不能太长，保持一段为 5～7 行最佳，且段落长短要有变化，不能让用户看久了感到乏味。例如，公众号软文《好出色》的句子简短，段落清晰，图文并茂，通俗易懂，如图 5-3 所示。

图 5-3　微信公众号软文

5.1.3　微信软文的类型

微信软文的类型有很多，不同类型的软文表达效果不同，写作要求也不同。微信软文的常见类型有以下几种。

1. 新闻事件类

新闻事件类软文通常是将新闻当作写作背景或主题，文章具有较强的时效性、权威性，可以吸引更多关心时政的用户的注意和阅读。

很多企业微信公众号经常发布新闻事件类软文，企业的真正目的并不是关注这件事情，而是通过这个热点事件，引出自己想要表达的观点，来吸引更多的用户阅读。

新闻事件类软文是介于新闻和广告之间的中间产物，是企业在销售过程中利用或者创造新闻，以宣传企业或产品的特殊广告表现形式。因此，在写作此类软文时需要兼顾新闻、广告两种文体的写作特点。

2. 表达观点类

表达观点类软文就是指文章能够完整地表达一种思想或一个观点，即能够用明确的语言阐述文章的中心思想，解决用户遇到的某些困惑或问题。例如，软文《入夏之后，才忽然发现："衣穿简单，裙选长"，是 40+女人的扮美小心机》，撰写者在文中表达了 40 岁以上的女人应如何穿衣搭配的观点，如图 5-4 所示。

图 5-4　表达观点类软文

　　这类软文要求撰写者在写作前就明确自己想要表达的东西，切忌为了追求华丽、浮夸的文字，盲目迎合用户的需求，这样往往会本末倒置，适得其反。

　　撰写者写作这类软文时需注意以下几点：提出的观点要合理；要直接、明确地提出观点，切忌含糊、拖沓；提出的观点与植入的广告要保持一致性。

3. 经验分享类

　　经验分享类软文是指软文撰写者站在权威专家或者普通用户的视角，想用户之所想，做用户之所需，有时甚至需要以用户的口吻来撰写的软文类型。例如，软文《发质变好了！经验分享收好》，撰写者分享了保养头发的经验，如图 5-5 所示。

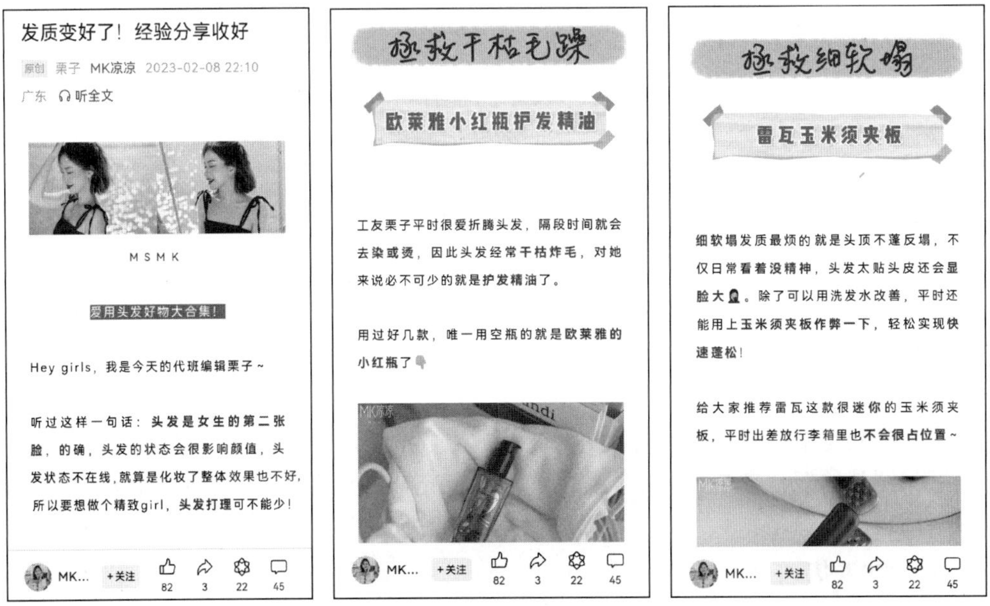

图 5-5　经验分享类软文

经验分享类软文通常在文章标题上就要体现出来，让用户透过标题就能知道写作意图和文章的基本内容。在正文中要自然地引入经验，着重写自己的感受，进一步描述"成功"之后的美好，引导用户采取行动。

4．讲述故事类

讲故事是营销领域常用的一种方式。通过传播一个有始有终、有情感的故事，可以快速拉近与用户之间的距离。在此基础上推广品牌或产品就会变得更有人情味，也能给用户一个良好的印象，增加产品或品牌的吸引力。

故事类软文可以通篇讲述故事，且可以用文字、图片、音频等形式呈现，这样更容易将故事的魅力全方位展现出来，甚至标题也可以直接用故事拟写，其最大的好处是大大淡化了文章的商业性，更容易让用户接受植入的广告，潜移默化地达到营销目的。

撰写者撰写此类软文时需注意在内容上应做到丰富多彩、感情充沛，不能生硬无趣、胡编乱造，要确保剧情跌宕起伏，能够抓住用户的心，同时巧妙植入广告，让用户自然接受，避免引起用户的反感。

5．抒发情感类

抒发情感类软文即在软文中向用户传达一种能够触动他们心灵的真挚情感，以情感人，以情动人，通过情感俘获用户的心。

这类软文通常以"亲情""爱情""爱心""孝心"等情感为主线，"动之以情""晓之以理"地感动用户，从而获得良好的营销效果。撰写此类软文要本着敢于承担社会责任或宣传人性真、善、美及社会美德的真心去撰写，再实事求是地推介产品卖点，进而获得用户的认可，达到品牌宣传和促进销售的目的。这种方法的要点是找到产品卖点与情感主线的必然联系。

撰写此类软文重在将情感自然、充分地融入所要宣传的品牌、产品中，与其精髓完美融合。这就要求撰写者在写作之前先提炼出品牌、产品的核心价值以及蕴藏的文化内涵，找到与某种情感的共同点再落笔。

5.1.4　微信软文的写作方法

优秀的微信软文并非极力说服他人接受，而是有明确的目标诉求，通过图文并茂的描述，一点一滴让用户主动接纳、自然接受，从而激发他们采取购买行动。

微信软文的写作方法主要有以下几种。

1．核心扩展法

核心扩展法即先将核心观点单独列出来，再从能够体现观点的方方面面来进行扩展，这样可以使文章始终围绕一个中心来表述，不会出现偏题或杂乱无章的问题，从而增强内容对用户的引导力度。

2．各个击破法

各个击破法是根据要推广的内容，对产品或服务的特点单独进行介绍。写作过程中要注意用文字与图片的配合来对产品或服务的卖点进行充分的介绍，通过详细的说明和亮眼的词汇来吸引用户的注意。

3．倒三角写法

现代社会人们很难有耐心阅读完一篇篇幅较长的文章，因此，可以先将较长的内容进行浓缩，把精华部分放在第一段，用于激发用户的阅读兴趣，然后解释为什么要看这篇文章，最后再强调产品的优势，加深用户的印象。

4. 故事引导法

故事引导法是通过讲述一个感人的、悲伤的、喜悦的或搞笑的故事，让用户充分融入故事情节中，跟着故事的发展阅读下去，在文章结尾时，撰写者再引出营销推广的对象。采用这种写作方法，要保证故事的有趣性和情节设置的合理性，这样才能使故事有看点，从而能够更好地植入要推广的对象。

5.2　微博软文写作

微博平台是一个基于用户关系信息分享、传播以及获取的，通过关注机制分享简短实时信息的广播式网络平台。微博软文是一种发布在微博平台上的具有营销或宣传目的，但同时又具有吸引力和可读性的文本内容。

截至 2024 年 3 月底，微博月活跃用户数达到了 5.88 亿，日活跃用户数为 2.55 亿。微博用户规模巨大，聚集了政界、商界、文化界与娱乐界等各界名流，时时刻刻都有热点事件发生，对于企业软文营销而言有很大的便利性与商业价值。

5.2.1　微博软文的特点

一篇优秀的微博软文可以吸引大量的用户围观，能够为企业带来大量流量，进而转化为商业价值，这就是微博软文营销的价值所在。

微博软文的主要特点体现在以下几点。

1. 简短精练

在这个快节奏的时代，忙碌的生活使人们越来越倾向于快餐式阅读。这种快餐式阅读的特点就是让人们能够在短时间内获取到想要的信息，不需要自己去分析和总结。因此，写作微博软文时，切忌堆砌大量文字，应注意内容简短精练、言简意赅，用尽可能少的文字传达核心信息。

2. 主题明确

微博软文既要简短精练，又要注重内容的精准性，必须有明确的主题。这要求撰写者在写作前做好定位，确定软文的目标用户、写作目的以及软文的吸睛点。做好定位后，还要注意文字用语恰当，真实客观，切忌夸大其词，虚假宣传。

3. 快速传播

微博具有强大的社交属性，用户之间的关注、转发、评论等互动操作能够加快信息的传播速度，扩大传播范围。因此，一篇优质的微博软文能够在短时间内获得大量曝光和转发，实现快速传播。

4. 多媒体呈现

微博支持图片、视频、音频等多种新媒体形式的发布，因此微博软文可以充分利用新媒体元素来丰富内容，增强视觉效果和吸引力。多媒体的呈现方式有助于吸引用户的注意力，提升软文的传播效果。

5．互动性强

微博软文通常会围绕某个话题或热点展开，通过引发用户的讨论和关注来提升内容的影响力。微博软文的这种话题性有助于增强用户之间的互动与讨论交流，形成强互动性。这种强互动性不仅有助于增加用户的参与度与黏性，还有助于收集用户反馈，辅助优化内容策略。

6．实时性强

微博是一个实时更新的社交媒体平台，用户可以随时发布和获取最新的信息。因此，微博软文一般具有时效性，撰写者必须及时抓住社会热点、节日活动等时机发布相关内容，以提高内容的关注度和传播效果。

5.2.2　微博软文的类型

微博软文的类型丰富多样，常见的类型有以下几种。

1．数据类软文

数据类软文就是撰写者分析数据，做出统计，并且用文字的形式展现给用户的一种微博软文。数据类软文的内容更多的是通过一些数据调用、文字信息、图片图表或评论举例等方式来穿插广告，从而达到宣传推广目的，如图5-6所示。

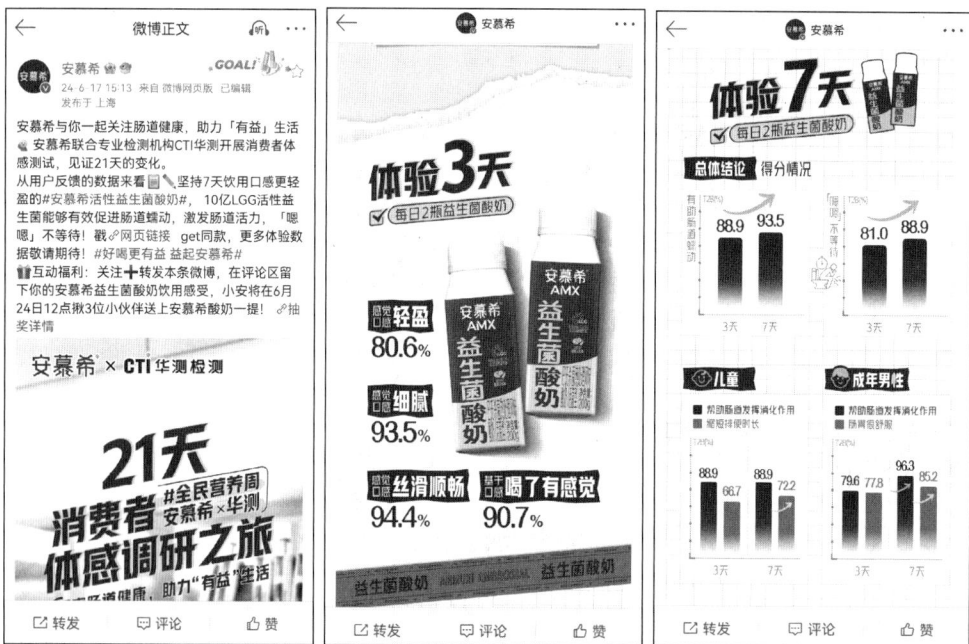

图5-6　数据类微博软文

数据类软文写起来速度比较快，字数也不需要太多。撰写者有很多时候是通过引用第三方的数据，加上自己的评论来完成数据类软文的。

写作数据类软文的要点如下。

（1）寻找数据源。数据源包括生活、手机、汽车、家居等各个行业。

（2）亲自调查得出数据。软文撰写者也可以自己做一些测试或是调查问卷，亲自调查，得出的数据也是非常有说服力的。

（3）数据整理加工。有了数据之后，撰写者要进行整理和加工，将数据制作成图表等用户喜欢的形式。

（4）从第三方网站下载数据。撰写者可以从第三方网站下载所需数据，如艾瑞网、艾媒网、易观分析等网站。

（5）善于使用关键词搜索。撰写者可以通过搜索关键词找到原始数据，进而分析并整理加工这些数据。

2. 分享类软文

分享类软文通常内容简短，但具有成文迅速、使用率高、阅读量高和传播率高的优点，因此受到很多企业或自媒体博主的喜爱。

例如，微博账号"热家居"发布的软文大都属于分享类软文，分享一些不同的装修风格，如图 5-7 所示。

图 5-7　分享类微博软文

软文撰写者可以分享一些和生活息息相关的小技巧，或者是专业知识，这类知识类软文有很强的长尾效应，不管在何时都会引起目标用户的注意。该类软文的转载量与传播率都是属于长期的，而如果在其中很好地插入一些和企业相关的信息或者产品功能，能够起到很好的营销效果。

3. 事件类软文

事件类软文是指以某个热点事件为基础来进行一系列写作的软文。抓住热点事件进行创作，包括对事件的拓展、加工和深入分析等，并在其中很好地融入自己的品牌或产品，能够很容易吸引用户的注意，从而获得很好的营销效果。

当然，这些热点事件一般具有很强的新闻特点，在事件发生之后的短时间内会引发大量的关注，因此撰写者要抓住时机，在事件发生后第一时间发布软文，迅速提高商品或品牌的曝光率，扩大知名度。

4. 创意类软文

创意类软文的内容往往出人意料，且合乎情理。创意类软文往往能引发大量转载，一个好的创意能令人赞叹，在一定程度上打消人们对广告的抵触心理。

撰写者在撰写微博软文时要巧妙地进行构思，融入独特的创意，使软文给用户带来眼前一亮的感觉，让用户感觉既有趣又好玩，同时阅读后有所收获，这样的软文更容易激发用户的转发分享。

撰写创意类软文时，撰写者需要发散思维，开阔思路，从问题的反面思考，寻求解决方案。

5.2.3 微博软文的写作技巧

一篇成功的软文能够给企业或商品带来较高的关注度和曝光率，能够提升商品销量和品牌形象。软文撰写者要想写出优质的微博软文，需要掌握微博软文的写作技巧。

1. 软文标题写法

微博软文并不是都有标题，有些短篇软文可以直接描述需求，突出卖点。但有些长篇微博软文为了吸引用户的注意，引导用户浏览正文，就会设置标题。微博软文标题一般位于软文的开头，常以"【 】"或"##"符号标识，标题简洁明了，鲜明独特，主旨明确，如图5-8所示。

图5-8 微博软文标题

2. 软文正文写法

一篇成功的软文通常包含 3 个要素：一是有明确的写作对象，即为谁而写，他能够得到什么好处；二是有明确的写作目的，为什么要这么做；三是有清楚的结果，即能够解决什么问题。撰写者在写作微博软文的过程中要充分结合这 3 项要素来考虑，并采用合适的手法加以表达，使软文给用户留下深刻的印象。

撰写者在写作微博正文时需掌握的技巧主要有以下几点。

（1）新闻故事

在现实生活中，越是不同寻常和不可思议的事情，往往越能引发人们的好奇心，特别是新闻这种真实、新鲜又有话题性的内容，非常具有可读性，能够快速吸引用户的关注。

为营销的商品创造一个吸引人的新闻故事，采用对话、描写和场景设置等方式，在展开故事情节的同时凸显事件中隐含的目标，从而达到推广商品的目的。新闻故事类微博软文要语言朴实，贴近生活，给人身临其境的感觉。写作时，切入角度要新颖独特，撰写者可以从人物性格、生活环境等角度来切入，抓住人物有特色的语言特征，以人物细节为突破口，使事件描写具有感染力。

（2）热门话题

热门话题是某段时间内大多数人关注的焦点，凭借热门话题的高关注度来进行商品或服务的宣传，可以快速获得人们的关注。在选择话题时，撰写者应注意热门话题的时效性，不能选择时间久远的话题。另外，还要注意软文的措辞，不能使用生硬、低俗的语言进行牵强附会的关联，一定要保证植入的商品或品牌信息与话题之间的自然与协调，避免引起用户的反感。

（3）疑难解答

选取与人们工作、生活息息相关的话题或人们普遍面临的问题、难题，比较容易引发人们的共鸣，如果撰写者能够针对这些问题给出完美的解决办法，就可以进一步得到用户的认可与信任。

（4）关联特征

世界上任何两个事物都可能通过某种关系联系到一起，写软文也是同样的道理，例如，可以通过修辞手法（比喻、夸张、拟人等），将某一事物的特点与另一事物关联起来，以达到意想不到的效果。但是，不同事物之间产生的联系不能生硬，它们之间必须确实存在某些共同的特征。

（5）角度新颖

人们往往对司空见惯的、已成定论的事物或观点提不起兴趣，不会去特别关注，而对一些角度新颖、立意独特的事物十分感兴趣。因此，撰写者可以采用逆向思维，"反其道而行之"，从问题的相反面深入探索研究，找到新角度切入主题，树立新思想和新形象，这样可以更快地吸引用户，并获得他们的青睐。

（6）情感共鸣

"物以类聚，人以群分"，如果微博软文能够引发目标人群的情感共鸣，引发大家主动思考、积极讨论，自然会给他们留下深刻的印象。当然，这需要撰写者对推广目标非常熟悉，了解目标人群的特征，清楚打动他们的点是什么。

素养课堂

　　创新体现在很多方面，如理论、制度、文化等，在软文写作中，撰写者也要不断提高用创新思维解决问题的能力。撰写者需要不断寻找新的创意和方式来吸引受众，要敢于想，大胆试，同时面对各种挑战和问题，需要具备解决问题的能力，能够快速反应并找到有效的解决方案。

5.3　小红书软文写作

　　小红书是我国的社交媒体平台和生活方式平台，用户可以在平台上自主分享美妆、时尚、旅行、美食、健康等各种生活资讯，可以采用图片、文字、视频的形式呈现。小红书软文是小红书平台上常见的一种广告呈现形式，它看似是普通用户自发分享的内容，但实际上是由商家以不显眼的方式进行投放和推广的广告。

　　小红书软文往往具有较强的营销性质，润物细无声地影响着用户的选择与消费行为。撰写者通过发布软文引导用户关注、喜欢、评论、分享以及购买特定产品或服务，同时商家也会给予撰写者一部分广告收益。

5.3.1　小红书软文的特点

　　小红书软文的特点主要体现在以下几个方面。

　　1. 内容优质

　　小红书用户群体对软文的内容质量要求较高，软文内容必须有深度、有价值、排版精美。小红书软文撰写者通常会结合用户群体的实际需求提供有价值的信息、技巧或经验分享等，并采用讲故事、场景展示等方式潜移默化地影响用户的认知和购买意愿。

　　2. 配图精美

　　小红书是一个以图文展示为主的平台，所以软文的视觉呈现至关重要。软文图片要精美、有视觉冲击力，能够迅速抓住用户的眼球，从而提高软文的点击率和阅读量。软文配图时，撰写者要注意选择高清、有质感，能够突出产品特征的精美图片。

　　3. 真实可信

　　小红书软文撰写者一般以第一人称的角度去撰写软文，分享自身的使用体验、心得感受或专业评价等，给予用户真实的推荐和建议。这种真实可信的推荐更容易获得用户的支持和关注，并促使他们产生购买或尝试的意愿。

　　4. 目的明确

　　虽然小红书的软文注重内容质量和用户体验，但其背后往往有着明确的营销目的。撰写者通常会巧妙地植入品牌或产品信息，通过提供有价值的内容来吸引用户的注意力，并引导他们产生购买或关注的行为。同时，撰写者也会利用平台的推荐算法和社交属性，增加品牌的曝光度和用户黏性。

　　5. 结合话题

　　小红书的用户群体喜欢关注热门话题和流行趋势。因此，撰写者会结合当前热门话题或流行趋势来创作内容，使软文更具时效性和吸引力。这种结合热门话题的方式能够增加软文的曝光量和阅读量，提高品牌的知名度和影响力。

6. 互动性强

小红书的用户非常活跃，他们喜欢参与讨论和互动。因此，撰写者通常会在软文中设置一些互动环节，如提问、投票、讨论等，鼓励用户留言、评论和分享。这种互动性强的软文能够增加用户的参与感和归属感，提高品牌的用户黏性和忠诚度。

5.3.2　小红书软文的类型

小红书上的软文类型丰富多样，可以将其归纳为以下几类。

1. 产品推荐类

产品推荐类软文主要是指以推荐产品为目的的软文，这类软文重点介绍某种产品的功能、特点、使用方法和心得感受等，并将其推荐给其他用户。撰写此类软文的关键是提炼产品卖点，撰写者可以从产品的材质、价格、功能、搭配、设计、包装、服务、社会观念或品牌等方面来考虑。

2. 场景搭建类

场景搭建类软文是指将具体场景作为软文的主要内容，搭建产品的使用场景，营造某种氛围，从而激发用户需求的一种软文，例如软文《早春穿搭合集》，如图 5-9 所示。无论是浴室、客厅、阳台、厨房等具象的空间场景，还是睡前、通勤路上、出差途中等代表特定时间的场景，甚至是更加立体的时间与空间相组合的综合性场景，一个场景的预先设置可以为软文营销打好基础，能更好地刺激用户产生购买欲望。

图 5-9　场景搭建类软文

3. 分享评测类

分享评测类软文是指撰写者分享自己对产品的使用体验或展示评测的经过及结果等，以增强用户对产品的认可度，激发用户的消费欲望。这类软文一般会邀请行业内专家或权威人士进行分享，提供专业的建议和观点，从而增强品牌的专业形象。这类软文在撰写时通常偏向于使用对比写法，通过体现性价比来吸引目标用户。

4. 知识解读类

知识解读类软文是指对某领域的行业趋势、发展动态、市场变化等相关专业知识进行解读，从而进行品牌推广，或建立自身品牌及个人的专业形象的软文。这一般要求撰写者具备丰富的阅历和深厚的专业知识，能够深刻洞悉事物本质并进行灵活创新的解读，提高用户对产品、品牌的认知度。

5. 活动宣传类

活动宣传类软文是指传播活动信息的一种软文，如传播活动名称、活动日期、参与方式等，主要目的是吸引用户参与活动，提升用户的参与度与品牌曝光度。

5.3.3 小红书软文的写作技巧

小红书软文的写作包括标题与正文的写作，掌握其写作方法与技巧才可能写出优秀的软文，吸引更多的用户进行关注和互动，提高软文的影响力。

1. 软文标题写作技巧

一个好的标题决定了软文的打开率，是软文登上热门推荐的必备条件。小红书软文常见的爆款标题有 4 种类型，即悬疑式、解决问题式、视觉冲击式和热点式标题，如表 5-1 所示。

表 5-1　小红书软文的常见爆款标题

标题类型	常用模板	举例
悬疑式	1. 无心之过+严重后果	一不小心！我家猫差点闯了大祸！
	2. 负面效果+行为	太没见识了！宜家打开了我的冰箱收纳新思路
	3. 真实情况+反差性问句	每次过安检都会被拦 妆后差别真的很大吗？
	4. 制造悬念+夸张用语	我天！你敢信只要 15 元就能这样一份泡虾
解决问题式	1. 问题+解决方案+结果	冰箱有异味？使用冰箱收纳好物，告别脏乱差
	2. 矛盾\问题+解决方案	减脂期馋奶茶怎么办？手把手教你做健康营养又好喝的奶茶
视觉冲击式	1. 细分人群+数字+结果	含泪总结：孕期要注意的 6 件事，孕妈妈警惕
	2. 细分人群+情绪	全职妈妈回归职场第一天，太累了
	3. 数字+事件+建议	客厅装修 8 个坑，一个都别踩
热点式	1. 名人同款	刘××黑天鹅妆！小白花爆改气质姐姐
	2. 热门活动+参与感想	高考，永远为你感动
	3. 热点事件+专业视角	中考当天妈妈一定要告诉孩子的 7 句话

小技巧

利用不完整的信息或矛盾点也可以制造疑惑，让用户想要点击了解更多，如"她用了这个方法，皮肤竟然比婴儿还嫩？但真相是……"

撰写者在拟定软文标题时，应注意标题字数不宜过多，最好控制在 20 个字以内，以 16～18 个字为佳，在标题中可适当添加表情符号。

2. 软文正文写作

小红书的软文正文一般分为开头、中间和结尾 3 个部分。

（1）开头

小红书用户习惯通过搜索关键词来查找自己需要的内容，因此软文开头要提及关键词，向搜索引擎算法明确传达这篇软文与这些关键词之间的紧密关联性，这样可以增加软文在搜索结果中的曝光机会，吸引目标用户的注意力。

软文开头还要承接标题带给目标用户的预期，把内容和目标用户联系起来，更好地解答目标用户潜意识的疑虑。例如，软文《复刻霸王茶姬伯牙绝弦，巨好喝》的开头写道："云南人表示霸王茶姬的伯牙绝弦真的好喝，今天宅家复刻一下，做法简单，味道超还原……"开头很好地抓住了目标用户的需求和心理，即想喝自制茶饮品，又担心味道不好。

（2）中间

软文中间部分的内容要有价值，让目标用户觉得有收获，无论是知识、经验还是情感，要给用户提供足够的价值信息，以获得目标用户的认可。

① 注意序号、分隔符、表情包的运用，如图 5-10 所示。

图 5-10　软文中间部分序号及分隔符的运用

② 语言通俗易懂，较口语化。小红书软文通常以朋友沟通、对话的口吻来表达，小红书整体的社区氛围更倾向于友好分享、真诚表达。

③ 添加关键词。中间部分也需要布局关键词，从而使软文 SEO 的效果更好。

（3）结尾

软文的中间部分为目标用户提供了阅读价值，但是让目标用户看软文不是最终目的，最终目的是希望软文能够带动用户的关注、私信、点赞、评论，甚至购买等行为。因此，小红书软文结尾的写作需注意以下几点。

① 提醒互动。撰写者可以通过语言指令，提醒用户点赞收藏或进行其他互动，很多用户真的会因为有了提醒就顺便做出收藏等行为。这些语言指令如"直接私信获取价格""欢迎进入主页查看更多内容"等。

② 自我介绍。要想鼓励用户进行私信和问价行为，撰写者还需要解除用户的内心顾虑，即做自我介绍，告诉用户我是谁，我是否专业可靠，在旅行类软文的结尾常可以看见这种方式。

3．软文写作方法

撰写小红书软文时通常采用"四感写作法"。"四感写作法"是一种通过内容向用户传递感受的写作方法，撰写者把四种感觉，即亲近感、痛感、情感、正义感运用在小红书软文写作中，会带给用户身临其境的感受。

（1）亲近感

亲近感是指撰写者撰写软文时要营造一种融洽的沟通氛围，让用户产生双方在面对面交流的亲切感；切忌一味强调自身产品的高大上，强行将一些专业知识、产品参数等信息灌输给用户，让用户感觉厌烦。

（2）痛感

如果小红书软文不能触发用户的"痛感"，那就不算是一篇好软文。发布的软文内容一定是那些目标用户特别关心的问题，是他们亲身遇到的问题或麻烦，即目标人群痛点。例如，针对脱发人群的脱发痛点撰写的软文，内容可以从洗发露、育发液、梳子、饮食、睡眠等多种方面切入，撰写者可植入相关产品进行痛点营销。

（3）情感

在撰写小红书正文时，撰写者要注意融入真挚的情感，激发用户的情绪，从而引发用户的共鸣。例如，软文《孩子拖拉懒惰，别催逼吼！这两招简单有效》，对于家长来说，他们在辅导孩子写作业上经常感到不知所措，这篇软文融入了撰写者的真挚情感，激发了用户的情感共鸣。

（4）正义感

人们热爱美好生活，畅想美好生活，崇尚勇敢正义。积极向上的正能量内容是软文撰写者在撰写正文时不可或缺的，那些用户向往的美好生活，勇敢无畏、正义凛然的精神，也会给软文带来正向反馈，因此撰写者要有意识地赋予软文正义感。

5.4 今日头条软文写作

今日头条，用户数量巨大，发展至今已有众多内容创作者入驻该平台，创作出许多优质的文章。今日头条不仅能够根据用户的爱好向其提供个性化信息，还能满足各类人群对各种信息的需求。

5.4.1　今日头条软文的特点

今日头条的软文内容包含热点、科技、娱乐、游戏、体育、汽车、财经、搞笑、军事、文化等分类，内容广泛，而且信息更新速度非常快，可以确保用户能够时刻接收到最新的信息，避免用户产生审美疲劳。

今日头条软文具有以下特点。

1. 社交性

为了强化自身的社交属性，支持用户的社交行为，今日头条开发了一系列社交属性浓厚的内容产品，如微头条、悟空问答等，这些功能大大提升了用户的社交参与感。因此，用户发表或阅读的软文都具有强社交性。

2. 互动性

用户在今日头条上可以发布信息，也可以评论、分享自己喜欢的内容。通过评论，用户之间可以实现互动；通过转发分享，用户则可以更好地向其他人展示自己的喜好，传达自己的价值观。

3. 实时性

今日头条只需几秒便可完成文章的提取、挖掘、消重和分类，并快速更新模型，根据用户表现出来的最新行为实时推送新内容。

4. 精准性

今日头条能够精准定位用户的信息需求，根据用户所在的城市自动识别本地新闻，将之实时推送给用户。另外，今日头条还会根据用户的性别、年龄、职业等特征推荐其可能感兴趣的内容。

5.4.2　今日头条软文的类型

今日头条上的软文主要有以下几种类型。

1. 新闻类

新闻类软文是以新闻形式呈现的软文，具有较高的可信度和权威性。撰写者可以通过新闻事件进行商品或品牌的营销推广，借助用户对新闻事件的关注度提升广告效果。

2. 热点类

热点类软文是指将广告信息融入时事热点中，吸引用户关注与阅读的软文。撰写这类软文需要注意时效性，必须在事件发生的第一时间撰写并发表软文，这样才能快速获得大量曝光和阅读量。在这个"内容为王"的时代，软文营销竞争激烈，撰写者需要有敏锐的洞察力，能够快速准确地把握热点，创作出新颖独特的软文，获得良好的营销效果。

3. 人物传记类

人物传记类软文是以名人故事为题材撰写的软文，借助用户对某些名人生活的关注，引发用户的阅读兴趣，提升用户对产品或品牌的认知与了解。

4. 评论类

评论类软文针对某一件事或新闻进行评论，并在评论中植入产品或品牌信息，在传递某种观点的同时潜移默化地影响用户对产品或品牌的认知。

5. 知识分享类

知识分享类软文是指撰写者分享有价值的知识、技巧或经验的软文，通过满足用户的学习需求，提高软文的阅读量，起到宣传推广产品或品牌的作用。

6. 科普类

科普类软文是指普及科学知识或解答用户疑惑的一类文章，能够满足用户的求知欲，同时提升品牌形象和信誉度。

7. 体验类

体验类软文是站在用户角度撰写的文章。撰写者通过分享使用产品或服务的心得与体会，以激发用户的购买欲望。撰写此类软文时，撰写者要确保内容的真实性和客观性，避免夸大其词或虚假宣传。

5.4.3　今日头条软文的写作技巧

今日头条软文由开头、正文、结尾 3 部分组成。一篇优质的软文必须做到开头引人注目，正文引人入胜，结尾引人深思。

1. 开头

今日头条软文的开头经常采用以下 4 种写法。

（1）开门见山式

开门见山是指在开头简洁明了地直入主题，干脆利落地交代出文章主旨的写法，这样能让用户在一开始就明白文章要写什么人、什么事，讲什么道理。

（2）性格特征式

性格特征式开头是指以文章主要人物的性格、习惯、品质等特征开头，以此碰触用户心弦，吸引他们继续阅读。

（3）热点式

人们普遍喜欢新鲜事物，所以热点刚出来的时候会有很高的关注度。软文可以使用热点作为开头，以热点刺激用户，吸引用户继续阅读。

（4）疑问式

使用疑问式开头可以快速激发用户的好奇心，使他们产生阅读文章的兴趣。很多用户都是抱着解决问题的目的阅读文章的，而疑问式开头可以直接击中他们的痛点，吸引他们的注意力。

2. 正文

要想以正文抓住用户眼球，就要善于围绕用户的痛点进行撰写，这样才能吸引用户的注意力。撰写正文可以采用以下 4 种方法。

（1）补偿自己

当一个人觉得自己为目标或者为别人付出太多时，他在潜意识中就会想要得到一些补偿，好好地犒赏自己。因此，撰写者要在正文中描绘目标用户当前所面临的任务，以及用户为这个任务所做的付出和花费的心血，写得越具体，用户就越有代入感，正文对其吸引力就越大。

（2）补偿别人

假如一个人觉得别人为自己做了很多，甚至做出了某方面的牺牲，但是自己的付出相对较少，他就会倾向于补偿别人。撰写者可以根据用户的这一心理，思考谁为目标用户付出过，最后告诉他们要如何做出回报。

（3）落后心理

每个人都不想落后于人，抓住用户的这种心理来写正文，能快速吸引用户眼球。因此，撰写者在正文中可以营造出用户间的差别感，使用户产生心理落差，继而刺激用户继续读下去。

（4）优越心理

假如一篇文章能够让用户获得优越感，他就会更喜欢阅读这篇文章。因此，撰写者首先要清楚目标用户想要什么、想做什么，然后告诉他们如何才能做好、做好之后会获得何种优越性。

3．结尾

一篇软文只有首尾相应，其主题才能得到升华，继而大大强化软文的表达效果和感染力。软文的结尾主要有以下 4 种写法。

（1）总结全文

在软文结尾时，撰写者可以对全文进行简要的概括总结，帮助用户理清思路，从而强化用户的感知，突出其获得感。

（2）强调观点

在软文结尾时，撰写者还可以再次强调全文的核心观点，并进一步升华主题，继而在用户心中烙下更深的印记。

（3）金句名言

结尾可以引用金句名言，以此提升软文在用户眼中的品质，刺激用户转发分享。

（4）话题互动

软文结尾时，撰写者还可以有针对性地抛出互动话题，吸引用户讨论，从而进一步强化软文主题，给予用户足够强烈的参与感。

知识链接

软文营销市场竞争激烈，撰写今日头条软文时，撰写者需要具备以下思维，以争夺用户的注意力。

（1）用户思维

用户思维即站在用户的角度去挖掘话题，构思软文内容。撰写者首先定位目标用户，然后找到其感兴趣的话题，进而代其发声。

（2）场景思维

吸引人的内容一定契合用户熟悉的某种场景，让用户觉得撰写者是懂自己的，从而引发共鸣。撰写者要真正融入用户所处的环境，结合用户当时的行为，如用餐、坐地铁、逛商场等构思内容，这样就很容易能够吸引用户的注意力。

（3）营销思维

现在是快节奏的时代，撰写者要注意突出软文的价值，最好在标题或开头就提炼出能够给予用户的利益价值，例如，能够解决用户遇到的麻烦与困惑等。

（4）惊喜思维

能够让用户感到意外，或超出他们的心理预期，这样的软文更容易抓住他们的注意力。设计反复曲折、充满各种意外的故事，或者制造超出用户预期的小惊喜，很容易激发用户的好奇心，让他们觉得趣味横生，百看不厌。

5.5 知乎软文写作

知乎是一个知识分享型问答社区，创立于 2011 年，以"让人们更好地分享知识、经验和见解，找到自己的解答"为品牌使命。

知乎凭借认真、专业、友善的社区氛围，独特的产品机制以及结构化和易获得的优质内容，聚集了互联网科技、商业、影视、时尚、文化领域极具创造力的人群，已经成为综合性、全品类且在诸多领域具有关键影响力的知识分享社区和创作者聚集的原创内容平台。

知乎有着数量庞大的优质用户群体，他们在自身的专业领域拥有较高的声望，能够向平台上的其他用户提供专业性较强的知识内容。

5.5.1 知乎软文的特点

知乎软文的特点体现在以下几个方面。

1. 以问题为导向

知乎软文常采用问答形式，通常围绕某个问题展开，先阐述问题，再进行详细的解答。这种方式能够引起用户的兴趣，使得他们更愿意去阅读和了解文章的内容。

2. 用语专业

知乎软文用语比较专业，通常会引用相关领域的专业术语和数据，以准确表达撰写者的观点，并增加文章的专业性。

3. 突出感悟

知乎软文撰写者倾向于分享个人经验和感悟，这使文章更具亲切感和感染力，用户更容易产生共鸣。

4. 案例为证

知乎软文倾向于深入剖析问题的本质和根源，帮助用户更深入地理解问题，并提供有思想性的观点。撰写者通常会采用具体的案例来证明自己的观点，以增强文章的说服力。

5. 原创性

知乎软文强调原创性，原创文章更具吸引力，并容易在搜索引擎中获得更好的排名。

5.5.2　知乎软文的类型

知乎软文的类型多种多样，旨在以非直接、更自然的方式向用户传递产品或品牌信息。软文内容涵盖各个领域，涉及科技、教育、文化、艺术、娱乐、生活等方面。

知乎用户可以通过提问、回答、写文章、发专栏、发视频、直播等多种方式参与社区，分享彼此的专业知识、生活经验和见解。用户可以在这里找到他们感兴趣的话题，并与志同道合的人进行交流和讨论。

知乎软文的类型主要有以下几种。

1. 时事新闻

时事新闻类软文是指结合当前热点新闻或事件，撰写与产品或品牌相关的软文。这类软文通常以新闻报道或评论文章的形式呈现。

2. 知识分享

知识分享类软文通常以撰写者的个人经验或专业知识为基础，分享与某产品或品牌相关的使用心得、技巧或见解，通过真实的经验分享，增加用户对产品的信任感。这里的知识涵盖教育、历史人文、健康养生、文艺影视、生活技能、学术科研等领域。

3. 对比评测

这类软文主要是对比不同产品或服务的特点、性能、价格等，给出客观公正的评测结果，能够帮助用户更好地了解产品差异，做出更明智的购买决策。

4. 行业洞察

撰写者从行业角度出发，分析行业趋势、市场变化等，同时结合品牌或产品的特点进行阐述。这类软文主要是展示品牌或产品的行业地位和专业性。

5. 问题解答

围绕用户关心的问题，以回答问题的方式展开软文，通过提供详细的解答和解决方案，展示产品或品牌的优势，同时增强互动性。

6. 讲述故事

讲述故事类软文是指讲述与产品或品牌相关的情感故事，通过引人入胜的故事情节激发用户的共鸣和兴趣，同时传递品牌或产品信息。

5.5.3　知乎软文的写作技巧

知乎软文以问答营销为主，用户可以自主回答与提出问题，并参与互动。要想写出吸引力强的知乎软文，撰写者要注意以下几点。

1. 合理选择关键词

在知乎软文中，关键词的选择同样很重要，用户在搜索相关问题或内容时，会通过搜索关键词查找需要的内容。因此，知乎软文的关键词不仅要合理地出现在问题中，还要合理地出现在问题的答案中。常用的关键词类型有以下几种。

（1）产品关键词

产品关键词是指根据提供的产品或服务的种类、细分类型来确定关键词，可以具体到产品类目、型号和品牌等，定位要明确，在问题中着重突出产品特色，抓住用户的需求点。

（2）价值信息关键词

在知乎平台的问题中，以"怎样学好……""如何看待……"开头的问题有很多，流量也很大，这些问题集中在生活、学习等方面，撰写者可以针对能与产品产生关联的问题进行回答，为用户提供有价值的信息，在解决用户的难题后再引导用户关注产品或品牌。

（3）地域关键词

软文撰写者可以自主提出问题，将产品关键词、价值信息关键词和地域关键词相结合，或者寻找相关问题，以对某个地域的用户进行推广。搜索这类问题的用户通常有较强的目的性，希望在该地域内获得服务，因此要突出产品或服务在地域上的便利性。

（4）品牌关键词

如果品牌有较高的知名度，可以使用品牌名作为关键词，如"海尔""格力""华为""京东"等。

（5）人群关键词

软文要有特定的目标受众群体，关键词可以明确这些群体，选择与其相关的词语，如"初学者""零基础"等。

2．以用户为中心

用户更想看到对自己有价值的内容，因此撰写者要以用户为中心，站在用户的角度来提出问题和回答问题。

在提出问题时，切不可直接写出品牌或产品名称，否则打广告的嫌疑很大。如果问题的主体是产品而不是用户，用户在看到这些问题时就不能产生代入感。例如，在知乎上提问"夏季适合穿哪种款式的连衣裙？"其营销效果远不如"夏季小个子微胖女生应如何穿搭？"因为后者以用户为中心，定位于特殊目标群体的需求。

3．具有话题性

知乎不仅是一个问答平台，还是一个社区平台，用户除了对知识、干货很有兴趣，还对话题讨论兴趣浓厚。撰写者如果能提出一个具有话题性的问题，就很容易吸引众多用户参与讨论，从而扩大该问题的影响力，使软文提到的产品或品牌的影响力不断扩大。

提出的问题范围要适中。问题如果过于宽泛，用户往往会不知从何说起，答案的相关性也较低；问题如果过于细节，能够给出回答的人太少，讨论价值就会大打折扣，甚至被人冷落。另外，话题还要具有一定的争议性，这样更容易引发人们的争论，从而产生不同角度的观点。

5.6　短视频平台软文写作

短视频平台软文是短视频内容创作和营销中的重要组成部分，旨在通过引人入胜的文案吸引用户，提升短视频的传播效果和商业价值。优秀的短视频软文可以调动大众情绪，使信息传递更充分，从而促进短视频的传播，同时使短视频的推送更加精准。

5.6.1　短视频平台软文的特点

短视频平台软文一般具有以下特点。

1．简短精练

用户在观看短视频时，对短视频的视频内容的关注度较高，而对文字内容的耐心较少，因此短视频平台软文要简短精练，清楚明了，让信息快速被用户吸收和理解。

2．吸引力强

短视频推广的目的是要吸引用户的注意力，激发用户的兴趣，因此短视频平台软文的内容也要有吸引力，用精彩的语言和有趣的话题来吸引用户的目光。

3．便于理解

很多人观看短视频是为了娱乐身心、放松自己。观看短视频的接收的内容是高频的、碎片化的、海量的，而用户的耐心是有限的，所以短视频平台软文的内容要便于用户理解，这样短视频才更容易被传播。

5.6.2　短视频平台软文的类型

按照短视频表现内容的类型来划分，短视频平台软文可以分为以下几类。

1．共鸣类

共鸣类短视频平台软文通过表现人物的状态，再加上情感传达来表达主题，从而引发用户的情感共鸣，激发用户参与讨论，从而快速提升短视频的流量，如图 5-11 所示。

图 5-11　共鸣类

2．互动类

互动类短视频平台软文通过提出问题引发用户与短视频创作者互动的欲望，当用户想要分享答案时，会自然而然地打开评论区写下自己的想法，评论区的用户之间互相交流，会提升短视频评论区的热度，使短视频的热度提升，进而增加短视频的推荐量和播放量。

3．叙述类

叙述类短视频平台软文通过描述真实的场景来探究生活，给人强烈的代入感，也容易吸引用户的关注，如图 5-12 所示。

4．干货类

干货类短视频平台软文主要是分享知识、日常生活小妙招等，在文案中要写出短视频中分享的内容，让看到短视频的用户产生学习的想法，如图 5-13 所示。

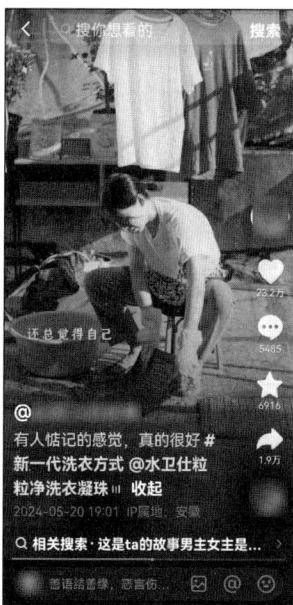

图 5-12　叙述类　　　　　　　图 5-13　干货类

5．悬念类

悬念类短视频平台软文会在文案中留下悬念，引起用户的好奇，促使用户产生看下去的想法，而且这类文案还会引起用户的讨论，增加短视频的流量。

5.6.3　短视频平台软文的写作技巧

短视频平台软文的重要作用在于吸引用户，引导用户了解短视频内容，也是推广产品和服务的重要手段。为了创作出优秀的短视频平台软文，撰写者要掌握短视频平台软文的写作技巧。

1．拟定标题

短视频标题是用户最先接触到的信息，要求简洁明了、引人入胜，吸引用户的眼球，能够激发用户的点击欲望。短视频标题是对短视频内容的总结，它不仅要概括短视频的基本内容，还要能引起用户的阅读兴趣。撰写标题时，撰写者要注意语言通俗易懂，能够突出主题，且与视频内容高度相关，不做"标题党"。

2．选择关键词

关键词是短视频平台软文的核心，它不仅会影响短视频在搜索引擎中的排名，还能吸引用户点击和观看，因此撰写者要谨慎选择关键词。首先，关键词要与短视频主题和内容密切相关；其次，关键词要有较高的搜索量；最后，要合理布局关键词，将其融入标题、短视频描述和短视频内容中，提升其与搜索引擎的匹配度。

3. 添加标签

标签也是短视频营销推广的重要方式，合理选择和优化标签可以提高短视频在平台上的曝光度和增加被推荐的机会。首先，标签要与短视频内容密切相关；其次，要注意标签的数量和多样性，适当使用热门标签和长尾标签，以拓展短视频的触达范围；最后，撰写者要及时调整和更新标签，与时俱进，抓住热点话题，提高短视频的持续曝光度。

4. 内容撰写

短视频平台软文的内容要有一定的趣味性，能够引起用户的观看兴趣，激发用户产生情感共鸣，从而提升用户的观看体验。软文内容也可以结合当前的热点话题、新闻事件等，以增加软文的曝光度和关注度，提升传播效果。

5. 排版优化

很多短视频画面中经常出现字幕、文案等信息，这些文字如果安排不当，位置不合理，就会影响用户的观看体验。创作者要做好这些文字排版。

文字的相对位置要基本固定，标题类的文字要在字幕的上面，字号较大，颜色对比明显。短视频画面中要适时出现关键词，并设置对比度较高的字体和颜色，以表示强调。一般情况下，创作者应把字幕放在标题文字或关键词的下面，字体要简单，字号要相对较小。

5.7 直播平台软文写作

直播平台软文的质量直接影响着直播营销的效果，因此，创作者要了解直播平台软文的特点和类型，掌握直播平台软文的写作技巧，从而写出合适的直播平台软文。

5.7.1 直播平台软文的特点

直播平台软文具有以下特点。

1. 简洁明了

直播平台软文一般简洁明了，言简意赅，能在短时间内让用户对直播内容产生兴趣。

2. 与内容相关

直播平台软文与直播内容相关，紧扣主题，可以让用户快速理解直播内容和主题，同时与主播的个性和风格相符。

3. 引导性强

直播平台软文一般具有较强的引导性，引导用户关注直播内容，激发其观看直播及在直播间消费的欲望。

4. 实时性强

直播平台软文需要跟随直播进程的变化而变化，传递最新的信息和知识。用户可以在直播过程中提问并获得主播的及时回答，这种实时性提高了用户的观看体验。

5．互动性强

直播平台软文中需要设置与用户进行互动的内容，以增强直播的趣味性和互动性，这可以通过回答用户问题、分享主播的个人经历和知识等方式来实现。

5.7.2　直播平台软文的类型

根据发挥的作用不同，直播平台软文可以分为 3 大类，即直播话术类、直播活动类与直播引流类。

1．直播话术类

主播的直播话术是影响直播间销量的重要因素，主播是否能够恰当表达自己的所思所想，直接影响着营销效果。据研究数据表明，在所有成交要素中，语言表达技巧的占比可以达到 40%，所以主播必须会写直播话术软文。

以电商直播为例，一场直播活动的话术包含开场话术、互动话术、商品讲解话术、成交话术、结束话术等，主播要在直播前做好准备，提前写好相应的话术软文，以帮助自己开展直播工作。

2．直播活动类

一场直播通常会持续一两个小时，甚至更长的时间，直播间的活动安排如何，开始讲什么、什么时候互动、什么时候推荐商品、什么时候送福利等，这些都需要提前规划安排。因此，主播需要提前撰写好整场直播活动软文。

整场直播活动软文是对整场直播活动的内容与流程的规划与安排，重点是规划直播活动中的玩法和直播节奏。通常来说，整场直播活动软文包括的要点如下。

- **直播主题**：从用户需求出发，明确直播主题，避免直播内容没有吸引力。
- **直播目标**：明确直播要实现何种目标，是积累用户、销售产品还是宣传新品。
- **主播介绍**：介绍主播的姓名、身份。
- **直播时间**：说明直播开始、结束的时间。
- **注意事项**：说明直播中需要注意的事项。
- **人员安排**：明确参与直播的人员的职责。
- **直播环节**：直播的流程细节要非常具体，详细说明开场预热、商品讲解、优惠宣传、用户互动等各个环节的具体内容。

3．直播引流类

直播引流类软文是指用于为直播间引流，吸引更多用户的文章。按照引流的阶段不同，直播引流类软文可以分为直播前引流软文、直播中引流软文和直播后引流软文。

直播前引流软文一般是预热文案，直播团队会通过多种渠道预热直播，如微博、微信公众号等。

直播中引流软文一般是进行发红包、发优惠券、抽奖、促销等活动时的互动型软文，通过引流软文引导用户分享直播间，引导新进入直播间的用户关注直播间。

直播后引流软文一般是宣传该场直播中的精彩片段，引起用户的关注，为下场直播进行预热。

5.7.3　直播平台软文的写作方法

直播平台的 3 种软文有着各自不同的撰写方法，撰写者要掌握的写作方法如下。

1. 直播话术类软文写作

直播话术类软文的写作流程分为以下 6 个步骤。

（1）了解产品

● 了解产品所处的类目，以及该类目中的违规词等。

● 了解产品所属类目的市场趋势，以及价格区间。

● 了解产品卖点及其能解决的需求痛点。

● 了解供应链，并判断是否具备优势，如果具有优势就可以放到直播话术中展开描述。

（2）货盘结构设计

为产品定价、排品并组品后，主播可以将直播间的货盘结构划分为福利款、主推款、对比款、利润款、形象款等。在日常盘货过程中，主播可以准备一份产品信息表，把要上直播的产品都登记进去，这样一目了然，便于后期跟进与管理。

（3）活动设计

活动设计主要包括在什么时间介绍产品，发放福袋、粉丝券，活动的预算如何分配，产品如何与活动搭配更有效果等。

（4）话术大纲

话术大纲是用于设计整体话术流程的框架，主播可以使用思维导图来梳理话术大纲。

（5）话术定稿

确定话术大纲后，主播要以自己觉得合适的方式完善直播话术，直至最终定稿。

（6）复盘优化

话术定稿之后，主播要将其运用到实际的直播活动中，并根据相应的数据进行复盘，同时在这一过程中不断地调整原有的话术，不断地进行优化。

2. 直播活动类软文写作

直播活动多种多样，在这里主要阐述展览类活动的直播平台软文写作方法。展览活动是企业进行宣传、产品推广、业务拓展的重要手段，借助展览类活动直播，企业可以在不同地区的观众面前展示自己的产品，吸引更多的潜在客户，提升品牌的知名度。在整场展览活动过程中，主播的话术包括开场白、品牌商介绍、产品介绍和直播总结等。

（1）开场白

主播在直播一开始就要说出开场白，向用户介绍展览活动的情况和本次直播的目的。

（2）品牌商介绍

主播要介绍展览活动中的品牌商，让观众了解品牌商的产品品类和行业地位。介绍品牌商之后，主播可以帮助品牌商对接商业资源，找到精准的经销商和采购商，方法主要是让经销商和采购商在评论区发送特定口令，然后让品牌商负责人关注这些意向客户，也可以拉品牌商、经销商和采购商的负责人进粉丝群，让他们在群内沟通。

（3）产品介绍

主播要详细介绍各个品牌商的产品，展示产品的特征和优势。主播也可以和品牌商相互配合，引导品牌商介绍自己的产品。

在直播互动环节，主播要积极回答用户提出的问题，与用户进行互动与交流。例如，当意向客户询问是否能赠送样品时，主播根据品牌商负责人的肯定回答回复道："品牌商好大气啊，只要发地址，就给你赠送样品。"

（4）直播总结

主播在直播即将结束时，可以对本次直播的内容进行回顾和总结。如果展览活动持续好多天，主播可以在直播结束时预告第二天的直播内容，号召大家准时收看第二天的展览活动直播。

3．直播引流类软文写作

直播引流类软文主要是指直播预告软文，在这里重点介绍图文预告软文的写作方法。

（1）借势型预告软文

直播预告软文可以借助名人、热点话题等有效提高用户对直播的关注度。例如，某主播在直播预告软文中提到会有某位名人和自己一起直播："当你走进这直播间时，我和××老师就已经在直播间等你了！今晚7点30分，不见不散。"

（2）互动型预告软文

直播前的宣传预热应当是主播与用户之间的一次有效互动，而不仅仅是单方面的宣传发布。主播可以在社交媒体平台发布问答活动，鼓励用户提前留言，并回答提出的某些问题。互动除了问答活动，还有话题讨论、抽奖、发放预热专属优惠券等，这些方式可以促成用户对预告软文的二次传播，大大提高直播的受关注度。

（3）产品清单型预告软文

主播可以在预告软文中直接分享直播产品清单，并预告部分产品的优惠情况，既简单又直接，可以精准地吸引用户。

（4）价值包装型预告软文

要让用户从预告软文中看到价值，知道在直播间可以获得某种利益，这样他们才会进入直播间。例如，"想要变美的朋友们一定要来看我的直播，明天晚上8点整，准时开播！"

（5）悬念型直播预告软文

主播可以在预告软文中为用户留下悬念，只展现直播中的部分福利或亮点，借助悬念勾起用户对直播的好奇心。

课堂实训：腾讯"AI编程第一课"软文营销分析

1．实训背景

腾讯发布AI编程第一课，为全国零基础青少年提供AI和编程启蒙课程，用户在微信搜索"腾讯AI编程第一课"，即可通过官方小程序免费体验。

北京师范大学担任该项目的学术指导单位，高校专家提供内容支持。"AI编程第一课"首批上线内容结合中国航天、未来交通两个主题，通过剧本式教学，让青少年在学习实践中认识AI和编程。

腾讯利用新媒体对该业务进行多渠道宣传推广，针对腾讯系贴合的目标人群进行多端产品联动，通过创新广告形式精准触达目标受众，实现良好的营销效果。

2．实训要求

请同学们在微信搜集相关软文，分析其特点、表现形式与写作方法，并以此为主题试着撰写微信软文。

3. 实训思路

（1）讨论案例

请同学们搜索腾讯 "AI 编程第一课" 的相关宣传资料，并分析讨论其创意与写作方法。

（2）软文分析

搜索 "腾讯 AI 编程第一课" 相关主题的公众号文章，如《"AI 编程第一课" 项目发布 打造青少年 AI 及编程启蒙平台|推荐》《腾讯发布 AI 编程第一课，青少年人工智能启蒙应趁早》等，如图 5-14 所示，分析相关软文特点与写作方法。

图 5-14　腾讯 "AI 编程第一课" 相关软文

（3）撰写软文

请同学们以此为主题试着分别撰写一篇微信公众号软文及微信朋友圈软文。

课后思考

1. 简述微信软文的类型。
2. 简述微博软文正文的写作技巧。
3. 简述小红书软文的特点。

第6章

软文营销案例解析

软文营销在品牌建设和市场推广中发挥着重要的作用。通过发布有价值的、引人入胜的内容，能够吸引潜在客户的注意力，进而提高品牌的曝光率和知名度，提升用户对品牌的信任度，塑造品牌形象，促进销售转化。通过对软文营销案例进行解析，能够帮助营销者深入理解软文营销的核心要素，掌握软文写作技巧。

学习目标

- ➤ 掌握美食推荐类软文的写作技巧。
- ➤ 掌握三农产品类软文的写作技巧。
- ➤ 掌握公益活动类软文的写作技巧。
- ➤ 掌握商业广告类软文的写作技巧。
- ➤ 掌握电商活动类软文的写作技巧。

素养目标

- ➤ 坚定文化自信，弘扬中华优秀传统文化。

案例导入　中国银联公益行动，守护"低头捡星光"的人

位于青藏高原腹地的三江源，冰川高耸，湖泊、沼泽密布，是长江、黄河、澜沧江的发源地，也是中国淡水资源的重要补给地，素有"中华水塔"之称。殊不知，在灵动、壮美的风景之下，流淌着脆弱的生态血脉。由于气候变化和人类活动的影响，三江源地区的生态环境遭到严重破坏，冰川干涸萎缩，草场退化，沙尘暴肆虐，昔日的草原风光不再，不少动植物销声匿迹。

中国银联时刻关注三江源生态环境问题，2023 年 6 月，中国银联发起"银联守护三江源"公益行动，计划在 5 年内协助三江源生态保护基金会持续治理 1000 亩沙地、2000 亩草地，建立 1000 亩动物保护区。2024 年是中国银联协助治理三江源生态的第二年，中国银联携手三江源生态保护基金会发布公益短片《低头捡星光》，将镜头聚焦在一群"低头捡星光"的人身上，拍摄了他们捡"星光"的故事。

教学视频

中国银联
公益行动，
守护"低头
捡星光"的人

在平均海拔 4000 多米的三江源，人与星星之间，不过一个抬头的距离。扔在地上的垃圾，被捡起来，就成了星光。在这片草原上，生活着一群"低头捡星光"的人。

中国银联不仅拍摄了公益短片，还通过海报文案宣传了短片中出现的几个人物及其经历，传达了"低头捡起垃圾，抬头看见星光，守护锦绣中华"的公益理念。

琪琪格：将垃圾从地上捡起的小孩，把草原和自己都一起变得可爱，如图 6-1 所示。

阿乙：一直陪着牛羊健康长大，成了心里那片草原不落的太阳。

扎西：把垃圾捞上湖边的岸，自由的歌就响彻在了心里的群山。

生态马帮的王洋：为草原上的垃圾低头放慢马速，就能松开心里的缰绳，自由不问归处，如图 6-2 所示。

图 6-1　琪琪格　　　　　　　　图 6-2　生态马帮的王洋

志愿者们：低头扛起一座座垃圾的山，就守住了这里一条条生命的川。

那些城里孩子眼中最寻常不过的物件，在大山里的孩子们眼中却弥足珍贵。例如，有些孩子想要足球，有些孩子需要书籍、画笔等。为了帮助"低头捡星光"的人们，中国银联携手三江源生态保护基金会，在青海玉树曲麻莱建立起第一家"银联星光超市"。

这是一家神奇的超市，只接受垃圾作为"货币"，"捡星光的人"可以用垃圾兑换梦想物资。具体形式是用捡到的垃圾兑换、累积生态积分，再通过积分兑换日用品、书籍、画笔、足球、相机等物资。

让垃圾充当货币，用捡拾的垃圾兑换梦想物资这个交易形式，不仅大大提高了他们的参与热情，也让每一份对自然的善意，收获一份自然的回报。

他们守护三江源，银联守护他们的善意和星光。中国银联用一个暖心的举动，温暖了一群"捡星光的人"，更以实际行动助力了三江源环保事业。

6.1 美食推荐类软文

美食推荐类软文是一种专门用于推荐和介绍美食的软性广告文案。它不同于传统的硬广告，而是通过更加生动、有趣、引人入胜的方式，向用户传递美食的魅力，并激发他们对美食的兴趣和向往。

6.1.1 美食推荐类软文写作

对于餐饮行业或者食品行业来说，软文是很常见的宣传手段。创作者在撰写美食推荐类软文时，要善于运用以下技巧。

1. 让用户产生情感共鸣

"民以食为天"，每个人或多或少都会对美食感兴趣。创作者要将美食文案和用户的情感需求相关联，让用户觉得选择软文文案所描述的美食不仅能填饱肚子，还能享受美食带来的幸福感，获得精神上的满足，这样更能吸引和刺激用户进一步消费。

美食网站下厨房那句广为人知的文案"唯有美食与爱不可辜负"，俘获了不少美食爱好者的心。这句文案看似简单，实则有深刻的含义。用户看到这句标语顿时便会觉得亲切，想要体验美食和相聚带来的快乐滋味，这是因为文案让用户产生了情感共鸣。

有时，软文还要让用户情不自禁地与品牌产品产生情感联系，甚至因为这种情感联系的存在而获得一种归属感。

在情感共鸣中，有关家的情怀是非常重要的存在。在中国人的文化中，家是不能够缺少的关键，而食物往往会同家联系在一起，回家吃饭似乎就是一种情怀的体现。创作者在写美食推荐类软文时可以围绕情怀来书写，尤其是融入"家"的元素。每一种美食类型都会有其特定的消费人群，同样有不一样的家的情怀。围绕情怀而写的文案内容是感性的，也更能吸引大众的注意力，更容易打动人心。

2. 呈现美食的卖点

在撰写美食推荐类软文时，创作者要抓住要点，直观、立体地描述每一个细节，为用户呈现美食的特点，让用户对这一美食过目不忘。文字的画面感是通过细节来塑造的，细节越生动，文字就越灵动，用户也就越能由文字在脑海中形成自己的想象，实现引人入胜的传达效果。

在呈现美食特点时，创作者要善于比喻，用具象且常见的形象符号来做比喻，这不仅让用户更容易理解，也让软文更加生动有趣。

创作者还可以把自己重新还原到正在吃的场景中，尽可能清晰、直观地描述当时的感受，让用户感同身受。例如，"其实一场吃烤物的局，应该是烤鸡皮最让人沉醉，但是烤秋刀鱼有一种潜移默化的能量，可以把时间轴横向无限延长。要是先吃秋刀鱼的身体，就会感到它的肉质细腻紧实，小小的鱼肌肉发达，丝毫没有懈怠感；再吃到肚皮上有油的部分，感觉像吃到了整场的最巅峰，什么都不顾，只想着让口中这一小块珍稀的脂肪消失得慢一点，再慢一点，全部咽下去还没来得及好好回味，又有一口热清酒入肚，把这种美妙一口气冲开了，很像可乐里突然加入的冰块，气泡'吡吡'顺着杯壁蹿上来，满足！"

很多食客看完以后反馈："看饿了，口水真的要流下来了，现在什么都不想做，只想吃一份烤秋刀鱼，再喝一杯热清酒。"

3. 教授美食的制作方法

现在有很多美食类软文在教大家如何制作美食，这种文案可以从多个方面着手，如食材的原产地（环境、风土人情等）介绍、制作手法、成品展示等，这种文案要重点强调细节，往往细节之处更能打动人。

另外，美食制作涉及很多厨具、食材，如果操作门槛较低，更容易激发用户的学习热情，促使其更愉快地看完软文内容。因此，创作者在教授美食制作方法时，要突出美食制作的简单易学。例如，某小红书博主发布的一篇美食制作笔记就是一篇软文，其标题为"家有平底锅，5个超简单甜品一定要试试"，"家有平底锅"暗示厨具比较简单，一个平底锅就可以搞定，"5个超简单甜品"介绍事件，没有太多的工序，给人一种刚开始做就已经会了的感觉。这篇软文间接地起到了宣传平底锅的作用。

这类软文既简单又能满足人们的需求，能够激起用户的动手欲望，用户也会比较享受在制作过程中见证作品诞生。

4. 营造美食场景氛围

创作者要把享用美食的场景氛围营造出来，让用户不由自主地被这样的美食场景文案吸引。例如，"上班最开心的事情，是在每天的下午茶时间，和部门的同事一起分享××牌饼干，再点一杯奶茶，这让一天的疲惫都被治愈了，和同事的关系也越来越融洽。"

5. 增加美食产品的故事性

美食推荐类软文的内容要有吸引力，不能只是表明这个食物有多好吃，还可以增加一定的故事性，给人们吃这个食物的理由。一些高端的餐饮或食品企业，他们提供的不仅是美味的食物，还是一种文化，是赋予饮食的一定的文化意义。很多"网红"店铺也会用这样的方式来吸引消费者，效果是非常不错的。

6. 利用生产过程解除用户疑虑

人们购买美食类产品时，对安全健康的关注大于好吃。创作者可以通过在软文中讲述产品的加工过程、筛选标准、打包过程、物流运输等，消除用户心中的疑虑。

例如，某篇推广杨梅的软文是这样介绍杨梅的包装和物流的："娇嫩的杨梅跟'一日色变，二日味变'的荔枝一样，运输是真心难。我曾经试过，买一箱杨梅，到手半箱杨梅汁，所以包装、快递的选择就成了重中之重。我挑选的杨梅都是现摘现发，一颗一坑，专门保护，顺丰冷链配送，送到你手上时还是完好无损的。物流费小贵，但真的值得！"

7. 传递品牌价值

美食推荐类软文在突出美食产品特色的同时，还可以传递品牌的价值观和文化内涵，让用户对品牌产生认同感。例如，品牌可以在故事文案中强调其健康、环保、自然等方面的价值观，并通过美食产品的品质将价值观体现出来，这样用户在购买美食的同时也能体会到品牌的价值。

8. 进行美食评测

美食评测是一种让品牌与用户建立连接的途径，创作者可以邀请知名美食家、美食评论员等专业人士参与编写品牌美食的评测与推荐软文，提升品牌美食的口碑与知名度。

9. 添加精美的图片

美食软文如果没有配图，文字也会显得单薄、无趣，不能给用户带来直观的视觉感受。如果在软文中配上精美的图片来加以辅助说明，就能让用户在阅读文字的同时，通过图片来感受美食的无穷魅力。精美的插图是增加美食类软文吸引力的重要元素，能够达到刺激用户食欲的目的。

10. 软文内容篇幅要适当

美食推荐类软文的字数不宜太多，通常一篇软文写 600～800 个字即可，排版成 5～6 个段落，插入 4～5 张图片，但要保证内容的阅读价值，突出重点。如果字数太多，用户可能会感到厌烦，阅读体验会大打折扣，在这种情况下用户一般是不会阅读完的，这样就不会有转发、收藏、点赞等行为，也就不会有二次传播产生的阅读量。

小技巧

　　美食不仅仅是味道吸引人，还提供包括视觉、嗅觉、触觉等多方面的感官体验。因此，在撰写美食推荐类软文时，创作者要注重运用生动具体的语言来描绘食物的外观、香气、口感等，让用户仿佛身临其境，品尝到那份美味。

6.1.2　美食推荐类软文案例解析

苏州稻香村于 1773 年（清乾隆三十八年）创立，以中式糕点、青盐蜜饯、糖果炒货为主要经营产品，已经持续经营了约两个半世纪。它是中国糕点行业现存历史最悠久的企业之一，在两个半世纪的传承中早已成为了一种民族文化符号。而北京稻香村始创于 1895 年（清光绪二十一年），位于前门外观音寺，是京城生产经营南味食品的第一家店铺，生产糕点、肉食、速冻食品、月饼、元宵、粽子等特色食品，共 16 大类 600 多个品种。

这两家企业都是生产中式糕点的食品企业，名字也相同，而这两家企业在新媒体时代宣传自己的美食产品时也分别采用了各种有效的软文宣传策略。

1. 饱含情感，激发共鸣

苏州稻香村在父亲节来临之际，在自媒体平台发布了与父爱有关的软文来推广自己的代表性产品。

小时候，爸爸是盖世英雄，是无所不能的百变超人；长大后，爸爸是最坚实的避风港，也是我们内心最温暖的牵挂。父爱如山，稳重厚实，或许他不善言辞，却细心护着我们成长；或许他并不强壮，却是我们内心永远的依靠。

作为中式糕点的代表品牌、传承两个半世纪的中华老字号，稻香村（苏州）陪伴了几代人的成长，也成了无数人心中的美味佳话。父爱无言，糕点有味，在即将到来的父亲节，稻香村为您推荐 6 款健康糕点作为感恩好礼回馈父爱，为您与家人的欢聚时刻增添一份别致的甜蜜。

黑三宝

我们在慢慢长大，父亲却在慢慢变老，岁月染白了他的发鬓。稻香村的"黑三宝"，依循传统的"以黑养黑"方法，选用黑米、黑豆、黑芝麻等营养十足的食材，经过传统工艺精制而成，糕点通体纯黑色，吃起来口感细腻，甜度适中，香味浓郁，让人回味无穷。以食养人，稻香村"黑三宝"实实在在养人，让父亲越吃越健康。

八珍糕

给父亲的礼物应该百里挑一，饱含心意与祝福。稻香村的"八珍糕"精选茯苓、芡实、莲子、苡仁、山药等多种优质食材，采用传统工艺制作，并融入了现代营养学的理念，最大程度上还原食材原有的营养和口感，吃起来细腻绵滑，清香松软，低糖不上火，还具有补中益气、开胃健脾的功效，非常适合父母食用。

碧螺春茶酥

父辈们喜爱喝茶，喜欢以茶待客。稻香村将苏州名茶碧螺春与苏式糕点相融合，创新推出新潮的苏式茶点——碧螺春茶酥，让苏州这两张"名片"在舌尖上完美融合。碧螺春茶酥外皮以抹茶粉上色，用的千层酥工艺，很是酥松，搭配绵软的内馅甜而不腻，每一口都是时鲜的芬芳。对于父辈们而言，闲来无事，喝一杯碧螺春茶，品一道稻香村茶酥，与三五好友，品饮欢谈，人生幸事莫过于此。

定胜糕

父亲节自然也少不了定胜糕，其有鸿运当头，诸事"赢"定的寓意。稻香村的定胜糕两头大、中间小，活像一只金元宝，糕上有"定胜"两字。糕点以优质的江南稻米为原料，其色泽淡红，松软香糯，营养丰富，每一口都是美妙的享受，也饱含对父亲的吉祥祝福。

桂花味绿豆冰糕

绿豆冰糕是一种营养价值较高的点心，可以补充维生素、膳食纤维、碳水化合物、蛋白质等营养成分，稻香村的桂花味绿豆冰糕有了桂花的点缀，更添一份清新和文雅，吃起来冰冰凉凉，清爽又细腻，是父亲们享受下午茶时光的绝佳选择。

好事花生

花生又称"长寿果"，一直有长寿健康的美好寓意。稻香村的"好事花生"，其精选优质花生仁，采用传统工艺制作，并降低了成分中的糖度和油度，一口咬下去酥脆化渣，花生的甜香渐次铺陈开来，带来美妙的味蕾享受，还有对父亲满满的祝福。

除了这6款糕点，稻香村还有超多美味的健康糕点供大家选择。在这专属父亲的节日里，不妨以一盒健康美味的稻香村糕点，切切实实地表达对父亲的牵挂与爱意。

2. 进行美食测评

有的博主在为稻香村宣传时采用美食测评的形式，通过打分、分级或排梯队等方式对美食的口感、个人好感度做出排名，但都是对稻香村产品的赞赏，用户在看过博主的诚心评测后，会根据自己的喜好选择一款产品进行购买，这无疑增加了稻香村产品的销量。

例如，某抖音博主发布图文作品，对北京稻香村的多款产品进行测评，并做出梯队排名。

北京稻香村经典款大测评，我心中的Top级。本人每周都去北京稻香村买糕点当早点吃，这12种口味是我最喜欢的，大家可以放心码住。

第一梯队

（1）黑芝麻椒盐饼：满满的黑芝麻，特别香，咸中带甜，馅料味道和牛舌饼相似；（2）牛舌饼：经典口味，咸香适口，外皮酥脆，百吃不厌；（3）一品烧饼：外面一层芝麻，馅大皮薄，枣泥馅，越吃越香；（4）雪花饼：外皮软软的，里面的馅料是很不错的奶酪味，还有蔓越莓果干；（5）枣泥酥：是超级经典的口味了，枣泥很纯，有一些发苦，外皮酥脆；（6）山楂锅盔：酸酸甜甜的非常好吃，还有果肉，很爽口；（7）布朗尼蛋糕：黑黑的看起来不起眼，实际很好吃，巧克力的味道很浓郁；（8）紫菜蛋糕：是很特别的口味——紫菜肉松，可以拉丝，适合当早点吃。

第二梯队

（1）黑豆起子馍：中式司康，不甜腻，奶香味十足；（2）核桃酥：表面有很大粒的核桃，下面是酥酥的饼干，很有营养；（3）燕麦格子酥：皮有奶酪味，馅料有燕麦味，不爱吃太甜的可以尝试；（4）枣泥方酥：爱枣泥的可以尝试，满满的枣泥一次吃个够，外皮是酥酥的清爽口感。

3. 宣传品牌价值观

党的二十大报告提出，增强消费对经济发展的基础性作用和投资对优化供给结构的关键作用。2022 年年底召开的中央经济工作会议明确指出，要把恢复和扩大消费摆在优先位置。

为了充分发挥老字号在恢复和扩大消费、传承发展中华优秀传统文化等方面的积极作用，许多老字号企业正循着守正创新的发展之路，巩固传统优势，顺应时代潮流，展现着新气象新活力，其中就包括北京稻香村。2023 年，《国际商报》的记者采访报道了北京稻香村在传承文化、坚守品质方面的追求。

报道一开始从一名普通消费者的角度说明了北京稻香村糕点的受欢迎程度，然后介绍了北京稻香村作为中华老字号不断进行产品创新，向年轻群体靠拢。北京稻香村从零号店出发，不仅传承着传统技艺，更为吸引年轻人爱上老字号打开了一片新天地。最后该报道从稻香村负责人的角度阐述了其求新求变的宗旨，那就是老字号的创新应当是传承弘扬中华优秀传统文化的创新，是对标先进理念、顺应市场机制的创新，是符合企业长期规划、取得市场普遍认同的创新。只有定准群众认同、市场认可的"调子"，才能找到守正创新的"路子"，从而实现长远发展。

该报道客观地传达了北京稻香村的品牌价值观，强化了该品牌在消费者心中的良好形象，于无形中提升了品牌在消费者心中的好感度。

> 🔍 **素养课堂**
>
> 中国人民的自信心，始终植根于中华优秀传统文化的沃土，随着历史前进而不断与日俱新、与时俱进。中华优秀传统文化是中华民族的精神命脉，是中华民族的突出优势，是我们文化自信的重要来源。坚定文化自信，要求我们积极传承和弘扬中华优秀传统文化，古为今用，弘扬精华，创新发展。

6.2　三农产品类软文

三农产品类软文是一种专门用于推广和介绍与农业、农村、农民（简称"三农"）相关的产品或服务的软性广告文案。这种软文旨在通过富有感染力的语言和生动具体的描述，向用户传递三农产品的价值、特色与优势，进而激发用户的购买欲望和兴趣。

6.2.1　三农产品类软文写作

新媒体的发展为农产品的品牌打造、实现乡村特色产业发展插上了翅膀，而三农产品软文的撰写可以"润物细无声"地达到推广三农产品的效果。

1. 突出产品特点

三农产品软文要突出产品的特点和优势，例如，当推广某种有机水果时，创作者可以突出强调其无农药残留、健康营养、有天然果香等特点，通过对三农产品特点的准确描述，可以吸引消费者的注意，并让他们对产品产生兴趣。

三农产品软文要突出产品的细节，详细描述产品的外观、口感、质地等物理特性，让用户在脑海中形成具体的画面。例如，描述一种农家自产的蜂蜜，强调其色泽金黄、口感醇厚，带有淡淡的花香，或者强调产品与传统工艺、手工制作等元素的结合，提升产品的独特性和品质感。

2. 打造三农产品的消费场景

与消费者关联密切的场景可以通过营销手段打上专属的品牌烙印，品牌一旦融入消费者的生活方式，就能形成对该场景的占有。

食品，尤其是特产，天然带有最容易唤起消费者情绪的消费场景。流量红利时代结束后，迅速来临的是社交关系时代，社交关系是基于更加鲜活的人格吸引所形成的连接，场景争夺已经成为今天商业升级和商业创新的必由之路。

创作者可以想象并描述一个典型的家庭或个人在日常生活中使用三农产品的场景。例如，一位母亲在厨房用新鲜的农家蔬菜为孩子准备营养丰富的晚餐，在这个场景中强调产品的自然、健康、无污染等特点，使用户感受到产品的品质和价值。

总的来说，三农产品的消费场景包括如表 6-1 所示的几种情况。

表 6-1　三农产品的消费场景

消费场景	说明	产品举例
日常生活场景	在家庭中，三农产品是餐桌上的主角。这些产品通常来源于农村，具有天然、健康、无污染的特点。随着公众健康意识的提高，越来越多的消费者选择三农产品作为日常养生的食材	有机蔬菜、水果、茶叶、药材等
节庆与礼赠场景	在传统节日如春节、中秋节等，三农产品成为节日礼赠的热门选择。这些产品不仅具有实用性，还能传递出健康和环保的理念。在商务场合，三农产品也常被用作礼品，以表达诚意和尊重	土特产、有机食品等
旅游与休闲场景	随着乡村旅游的兴起，越来越多的游客选择到农村体验农家生活，品尝农家美食。在这个过程中，三农产品成为游客的必购品。在休闲度假时，三农产品也成为游客的伴手礼	农家菜、手工艺品、有机茶叶、蜂蜜等
健康与营养场景	随着健康饮食理念的普及，三农产品因其天然、健康的特点，成为健康饮食的重要组成部分。一些具有特殊营养价值的三农产品，成为消费者补充营养、调理身体的佳品	有机粮食、蔬菜、野生药材、特色蜂蜜等

3. 挖掘农产品的故事

创作者可以通过讲述关于三农产品的故事来吸引用户的注意力。在创作农产品的故事时，创作者要先进行实地调研与采访，深入农村地区，实地观察农产品的种植或养殖过程；采访相关专家、农民代表等，了解他们的生产生活状况，获取一手资料，丰富文案素材。然后，根据调研结果设计故事的主线，可以是产品的种植或养殖历程、农民的辛勤付出、产品的营养价值等，构建故事的情节，包括开头、发展、高潮和结尾，确保故事引人入胜。

故事中要融入一些情感元素，让用户在了解三农产品的同时，也能感受到一种情感上的满足和认同。例如，在故事中融入亲情、友情、爱情等元素，让用户产生共鸣；描述农民对土地的热爱、对产品的执着追求等情感细节，以增强故事的感染力。

4. 进行场景对比

创作者可以通过对比传统与现代、乡村与城市等不同场景下的生活方式和产品特点，突出三农产品的独特性和优势。例如，将城市超市中的蔬菜与农家自产的有机蔬菜进行对比，强调农家蔬菜的新鲜、健康等特点。

5. 为三农产品赋予价值观

在三农产品软文中为产品赋予价值观，可以让用户更深入地了解产品的意义和价值，从而增加其购买欲望和对产品的忠诚度。

价值观可以体现在产品的传统制作工艺和历史传承中，突出其独特的匠心精神，强调产品背后承载的文化故事和传承意义；也可以描述产品在生产过程中如何注重环保和可持续发展，如采用绿色生产方式、减少污染排放等，强调用户购买产品对环保事业的贡献等。

大圣农业旗下的品牌妙味君荣登央视频道。在发布的软文中，大圣农业以新闻报道的形式对自身品牌进行推广，在文中强调了品牌定位，并说自己始终坚守品质为先和创新发展理念，以"庖丁解牛"式的心态钻研蛋业，以匠心制造研磨品质好蛋，以"大事从细而作"回应市场新需求，通过四大健康管理系统严控品质，十七道工艺层层把关，全面提升鸡蛋产业标准化程度，为消费者打造全新的、健康的蛋品市场，以高质量的产品力和事事有回应的服务力赢得市场的偏爱。

在软文中，大圣农业将自己对产品或品牌的精进上升到更宏观的层面，即"囊括着以蛋业振兴促进产业融合发展，助推乡村振兴的美好愿景"，共同演绎"人生百味，值此这一味"的品牌精神，为共同打造更适合中国人的高品质蛋品而奋勇前进。

6.2.2 三农产品类软文案例解析

在品牌网的品牌排行榜中，龙威贡牌荣列前位，它是福建省建宁县龙威生物科技有限公司（以下简称"龙威生物"）的品牌，主打产品为莲子、银耳，莲子的代表品牌是"一粒莲"。在宣传"一粒莲"的过程中，龙威生物曾使用以下方式来进行软文营销。

1. 构建品牌故事

龙威生物在官方网站的"关于我们"这一栏中添加了品牌故事，向消费者讲述了创始人建立这个品牌的来由。

北纬 26 度是地球上优美风景的代名词。除了夏威夷、冲绳、黄果树瀑布，还有福建的建宁，这里的地质结构形成于 26 亿年前，拥有世界地质公园。在这片土地上孕育着历代皇家贡品、有上千年种植历史、被誉为"天下第一莲"的建宁莲子。一粒莲贡莲子正是建宁莲子的代表品牌。

创始人吴××先生和谢××女士，祖祖辈辈以种植建莲为生，从小在山间水田吃着莲子长大。工作后两人因莲结缘，名字中间字的组合刚好是"建连（莲）"。两人不愿谈起创业一路走来的艰辛，更多是感恩"因莲结缘"的美好。现在，他们拥有美满的家庭，还打造了以建莲为主的系列养生产品——龙威贡牌贡莲耳和一粒莲贡莲子。两人一直希望能将古代皇室养生贡品福建建莲，打造成为千家万户日常餐桌上的养生食材，于是他们在 1999 年成立了龙威生物科技有限公司，旗下打造龙威贡牌的贡莲耳和一粒莲的贡莲子两大品牌产品，获得国家地理标志农产品和绿色食品认证，四国有机认证。目前，这两种产品已远销美国、加拿大、新加坡、日本等多个国家和地区。

这个品牌故事蕴含了该品牌的理念，能够使消费者产生共鸣，从而使消费者对品牌产生认同感，增强品牌忠诚度。

2. 在问答平台回答问题

龙威生物在知乎平台为自己设置了"健康""科普""养生"等标签，并在"一粒莲是建宁贡莲吗？""一粒莲手工通心莲子是怎么做出来的？"等问题下面提供权威的答案，以原生内容的形式向消费者传达品牌信息，最大程度地减少对消费者的打扰。

例如，针对"一粒莲手工通心莲子是怎么做出来的？"这一提问，龙威生物通过知乎账号"一粒莲食养记"提供答案："一粒莲的手工通心莲子加工技术十分讲究，需要在清晨太阳未照射之前采摘莲蓬，一天之内去莲蓬、剥莲壳、剥莲膜、通莲心，再日照晒干，经过多重人工挑选，这样您看到的一粒莲的手工通心莲子才都是个大圆润的通心白莲。莲的身上都是宝，一粒莲还利用莲壳、莲基等天然原料种植出有机银耳，也叫作本草银果耳、贡莲耳，它也远销海外 20 多年了，出口品质值得信赖！"

3. 为消费者提供食谱和养生知识

龙威生物在账号"一粒莲食养记"发布的软文中，向消费者提供秋冬养生知识和食谱，并在其中对"一粒莲"进行营销。例如，软文中提到的养生食谱需要准备的食材包括一粒莲有机本草莲果耳、雪梨、红枣、薏米、一粒莲手工通心白莲子、冰糖。

制作步骤：一、有机本草莲果耳洗净，掰成小朵，雪梨去皮，切成小块备用；二、一粒莲手工通心白莲子、薏米、红枣洗净后一起放进慢炖锅里，加入有机本草莲果耳和雪梨及适量冷水，加入两小块冰糖，炖上半个小时即可。

软文中提到养生知识，包括每天散步 30 分钟，按摩极泉穴，静坐吐纳法，多吃白色和黑色食物等，其中白色食物推荐的就是一粒莲的产品。

6.3　公益活动类软文

企业公益活动是指企业通过参与社会公益事业、履行社会责任来提升品牌形象和增强竞争力的活动。公益活动类软文是指通过描写企业的公益活动来宣传企业品牌或产品的软文。

6.3.1　公益活动类软文写作

撰写公益活动类软文在传播公益理念、提升品牌形象、激发社会关注等方面都具有重要意义。公益活动类软文的写作有以下技巧。

1. 着重表述社会价值

公益是一种社会行为，具有很强的社会价值。因此，在撰写公益活动类软文时，创作者需要通过言简意赅的语言，把握住社会主义核心价值观，明确表述出公益事业对社会、个体的影响与作用。这样能够更好地引发用户共鸣，让用户感受到公益所带来的正能量。

例如，可以从当前社会热点问题入手，阐述公益活动的重要性和紧迫性，唤起用户的关注和参与热情。同时，通过生动的故事和案例，让用户感受到公益活动的实际效果和影响，进一步增强其参与的意愿。

2. 采用形象的叙述方式

公益事业属于比较抽象的概念，所以在撰写公益活动类软文时，需要采用生动形象的叙述方式，可以通过描述具体的场景或用具体的数据来实现形象化叙述，让用户更易于理解和关注公益事业。

例如，可以分享一些成功的公益活动案例，介绍活动的过程、参与人员、取得的效果以及社会反响等方面。同时，可以通过数据和事实来支撑案例的可信度，让用户更加信任和认可这一公益活动。

央广网曾发布一则新闻消息，报道了一则公益活动：10月10日下午，由捡拾中国主办，拜耳健康消费品旗下康王品牌公益支持，重庆万和医药连锁公益参与的"告白地球，为地球去'屑'"系列公益捡跑活动在重庆龙湖U城天街举行。据悉，本场捡跑活动共计60余人参与，全长3.3千米，历时2小时，志愿者以"边跑边捡"的公益形式捡拾白色垃圾，与地球共赴一场绿色之约。

活动现场，由捡拾中国招募的专业跑团组、高校活力组，重庆万和医药连锁招募的万和去屑组共同开展定向捡跑竞赛。三组队伍在各自领队的带领下，通过不同的路线组织捡跑。参与者们背上捡拾背包，带上捡拾夹，一边慢跑，一边捡拾废弃生活垃圾，清理隐藏在城市街区的"灰色地带"，沿途还向市民宣传环保理念，为赋能绿色重庆助力添彩。

在捡跑活动的三条路线中，沿途经过的重庆万和医药连锁药房被设置成打卡补给休息站，跑团成员可在此饮水、休息、清洁、补充物料等。与此同时，捡跑参与者还能在此获取有关头皮健康的知识，学习运用科学方法应对头皮问题。重庆万和医药沙坪坝分公司总经理简娅表示，万和药房为本次活动做好了充足的准备，以便应对选手受伤或中暑的突发状况，万和自公司创立之初，便倡导全体员工积极参与公益活动，倡导健康理念，用实际行动，践行健康中国理念，将健康事业发扬光大。

参加本次公益捡跑活动的志愿者家长说道，"今天带孩子来参加公益捡跑活动不仅锻炼了身体，还让小孩体会到了环卫工人的辛苦。小孩子以前爱乱丢垃圾，多参加这样的公益活动让孩子保护环境的意识得到了提高，对孩子的成长也具有重要意义。"

拜耳健康消费品中国品牌事业部西区销售总监姜晓文表示，"本次开启的为地球去'屑'的捡跑之旅是拜耳将个人健康和社会公益结合起来的有益尝试，将拥有25年历史的知名药用去屑品牌'康王'所倡导的根源去屑理念与捡拾中国推动的环境清理行动相结合，呼吁公众在关注自身头皮健康管理的同时，也要重视我们所处环境的改善，对白色垃圾说不，还给地球一个无'屑'的清洁环境。"

以上软文就是以新闻报道的形式介绍了重庆万和医药连锁药房和拜耳健康消费品参与

的为地球去"屑"公益活动，不仅宣传了这一次公益活动的具体情况，还自然而然地传达了这两个品牌的品牌理念，提升了品牌形象。

3. 引申出新的思路

公益活动类软文可以通过宏观思考，引申出更深入的思路。例如，可以从单一的公益活动出发，引申到公益事业的主题、尚未解决的社会问题等方面，让用户更深入地了解公益事业的重要性和必要性。

4. 强调产品在公益活动中的作用

在软文中，创作者应重点介绍产品的功能特点，特别是其在公益活动中的优势和作用，让用户意识到这款产品不仅具有普遍的实用价值，还能实现社会价值。

饿了么在 2023 年 7 月份联合中国小动物保护协会，发起"毛孩子"消暑倡议书。同时准备了 10000 份冰垫随餐派送，解决"毛孩子"和上班族的夏日烦恼。在忙碌的城市中，许多上班族把宠物当成自己最亲密的家人或朋友，他们相互依靠、陪伴。饿了么切入宠物经济，以交"萌友"调动宠物圈层的用户，实现品牌跨界"入圈"，营销跨界"出圈"。

新瑞鹏宠物医疗集团、电力宠物公司、泊寓等平台也加入其列，共同发出"嘿交个萌友！毛孩子消暑倡议"，向大众传递了"给毛孩子多一点关爱"的公益价值观，为社会献出一份力。

5. 引导用户参与

撰写公益活动类软文可以引导用户参与公益活动，要明确指出参与公益活动的方式和途径，鼓励用户积极行动。同时，可以通过设置奖励和采取激励措施，激发用户的参与热情和积极性。随着用户参与热情的提升，产品或品牌在公益活动中的植入会自然而然地进入参与者心中，强化品牌或产品在这些用户心中的印象。

🔍✓ **素养课堂**

承担社会责任与开展公益活动是现代企业发展中不可或缺的重要组成部分。通过开展公益活动，企业可以积极回馈社会，传递正能量，提升品牌形象，同时也能为社会问题提供解决方案。不管对于企业还是对于个人，参加公益活动都是践行社会责任的一种方式，也是用爱传递希望与温暖的一种途径。

6.3.2　公益活动类软文案例解析

每日黑巧是一家专注于研发健康黑巧克力的中国新锐消费品牌，其秉持"Chocolate Makes Every Day Better"的品牌理念，专注于巧克力研发和生产制造技术，采用进口原材料，坚持环保可持续的理念，在黑巧成分、口感及制造工艺上不断创新突破，持续为消费者推出更加绿色、健康的黑巧克力产品。

每日黑巧热衷于通过公益宣传来提升自身品牌形象，提高品牌的美誉度。下面将介绍每日黑巧曾经开展的公益活动及其软文文案，分析其公益宣传策略。

1. 每日黑巧"巧护地球"

2021 年，每日黑巧更新换代，并将环保理念应用于包装之上，通过融入森林、冰川、海洋等元素，创意诠释如何用巧劲儿保护地球生态，如图 6-3 所示。

图 6-3　每日黑巧"巧护地球"软文

　　"每日黑巧"用行动诠释"做环保并不需要太费力"，而是就在日常每一口里，就在日积月累的行动中，例如，拿起手中的黑巧，为身体减负的同时，也在为地球减负。

　　在"巧护地球"公益宣传中，每日黑巧的公益宣传策略是通过全方位的环保行动，从源头到产品，再到消费者参与，全方位地践行其"巧护地球"的承诺，并通过具体的数据展示其环保成果，倡导更多的人关注和参与环保事业。

2. 每日黑巧致敬"弄堂里的艺术家"

　　下面是每日黑巧在媒体上发布的公益软文。

　　每日黑巧联合睿行公益"特别匠人"计划，特别推出"弄堂里的艺术家"1000 份限量手工编织玩偶礼盒，让更多消费者在品味美味黑巧的同时，关注背后每一位在平凡生活中不忘初心、热爱生活的手工匠人，传递美好童趣与公益爱心。

　　一份愿景，致敬每一位生活的艺术家

　　此次每日黑巧诚挚携手睿行公益"特别匠人"计划，旨在为残障人士、留守妇女群体、就业困难群众以及全心照顾患病儿童、残障儿童的母亲等困难人群提供文创手工钩织技能培训，帮助她们依靠自己的双手和能力丰富生活、增加收入。这些身处困境的特别匠人们，也是弄堂里闪闪发光的艺术家，他们以赤诚之心，将对生活的爱一针一线地编织进玩偶中，生动地展示着他们日常里的乐观和向上生长的力量。

赤诚的内心里总保有同一份天真，每日黑巧与这群"弄堂里的艺术家"一起，为燕麦奶黑巧系列碰撞出 5 款惟妙惟肖的手工编织玩偶小动物：奔赴理想的自由绿马、特立独行的勇敢独角兽、安然自得的慢悠悠小乌龟、腮帮鼓鼓的天真花栗鼠和可爱阳光的质朴小象，以限量盲盒形式解锁一份份充满童心和善意的礼物，致敬每一位生活的艺术家，让匠人精神和初心被更多人看到，同时也更好地改善他们的生活。

以这份甜，助力爱心远行

6 月 14 日起，消费者在每日黑巧天猫官方旗舰店购满 3 盒每日黑巧燕麦奶黑巧系列（20 片装）巧克力，即可获赠一个"弄堂里的艺术家"手工编织玩偶礼盒，限量 1000 个，送完即止。礼盒外观以收藏图鉴为灵感，彩色的动物剪影穿梭在充满无限可能的白色梦想王国，洋溢着童趣，又不失现代的简约美。每个礼盒含一款随机形象的手工编织玩偶和一张心意卡片。

而作为玩偶形象源泉的每日黑巧燕麦奶黑巧系列，则为这份充满意义的公益爱心带来更多的甜。每日黑巧燕麦奶黑巧系列有多种口味可供选择：麦香原味、燕麦椰椰味、燕麦拿铁味和清甜树莓味。该系列巧克力以 52%总可可固形物含量（巧克力部分），把握口感与口味的平衡度，还原可可豆本真风味。采用欧洲燕麦酶解制浆工艺，释放燕麦酶解粉，带来香浓滋味，并一如既往坚持 0 添加白砂糖的配方，通过菊粉补充益生元，增加 8 倍膳食纤维，同时有益肠道，其植物基配方对素食人群和环保主义者同样友好。

每日黑巧秉持着"Chocolate Makes Every Day Better"的品牌理念，不只为消费者带去健康美味的黑巧产品，也着力于社会公益，希望"美好"和"爱"能够传递至更广更远的地方，改善更多人的生活，让世界变得更好。

以上公益软文提及"关注特别匠人""传递美好童趣和公益爱心""对素食人群和环保主义者同样友好""希望'美好'和'爱'传递至更广更远的地方"，从多个方面传达了每日黑巧的公益价值观。

每日黑巧还引导用户参与，例如，"消费者在每日黑巧天猫官方旗舰店购满 3 盒每日黑巧燕麦奶黑巧系列（20 片装）巧克力，即可获赠一个'弄堂里的艺术家'手工编织玩偶礼盒"，每日黑巧以此方式鼓励消费者参与到公益活动中来。

综上所述，每日黑巧致敬"弄堂里的艺术家"的公益宣传是一个集公益合作、产品创新、消费者参与和社会影响力提高于一体的综合性策略。通过这一策略，每日黑巧成功地将公益活动与产品销售相结合，实现了商业与公益的双赢。

6.4　商业广告类软文

商业广告类软文是指以宣传、推广、销售产品或服务为主要目的，采用文学化、故事化、情感化等手法融入软性广告元素的广告文案。这类软文旨在通过非直接的、隐性的方式，向目标受众传递商业信息，以达到品牌推广、产品营销、吸引潜在客户等目的。

6.4.1　商业广告类软文写作

在撰写商业广告类软文时，创作者要深入了解产品或服务的特点、目标受众的需求和喜好，以及市场环境和竞争态势，从而创作出既符合商业目的，又能吸引用户的优质软文。同时，还要注意遵守法律法规和道德准则，确保软文内容的真实性和合法性。

在商业广告类软文的写作过程中，创作者可以运用以下技巧。

1. 侧重细节，突出重点

细节决定成败，商业广告类软文的写作自然也不能忽略细节。在写这类软文的时候，创作者要非常清楚地知道有关产品的各种知识，尤其是其特点和卖点，要从细节上进行着重描写，并根据实际情况对产品进行介绍。

但是，关于产品细节的描写不能连篇累牍，而是要详略得当，突出重点，软文的重点可以是产品的核心竞争力和产品的优势。对产品卖点的提炼与展示要可以吸引大众的目光，提高产品的销量。

例如，《2024年便携式咖啡机推荐｜NICOH-B80便携咖啡机实测》通过评测的方式向用户推荐了一款咖啡机，并从使用感受、外观配件、基础参数、操作体验、清洗方便度等角度介绍了产品的卖点。

该软文全文如下。

大家好，我是××，一名重度依赖咖啡的程序员。工作的前两年，我在咖啡店的消费一个月就超过600元。为了节省成本，我开始学着自己做咖啡。

一杯好喝又提神的拿铁咖啡的成本不超过五块钱，自从学会了自己冲咖啡，我节省了大量的咖啡费用，这些钱完全可以被用在更有意义的地方。

早上起来迎着阳光，在阳台上冲一杯令人垂涎欲滴的拿铁咖啡，唤醒一整天的精气神，真的干劲十足。

最近入手了NICOH的B80便携咖啡机，有了它之后不仅可以在工位上随时随地低调做咖啡，偶尔出差或者回老家，在车上也能用，相当于拥有了一个私人的移动咖啡馆。

（1）使用感受

NICOH拥有20年的小家电生产设计经验，"让日常琐事更简单点"是NICOH一直以来追求的产品理念。

NICOH便携式咖啡机集便捷、品质和时尚于一身，是家用、车载、办公室和露营的不二之选，随时随地让一杯香浓的咖啡变得唾手可得。它操作简单，耗时很短，使用成本低，效率高。接下来，就跟随我一起来看看它的各方面表现吧。

（2）外观配件

我选的这款是NICOH胶囊咖啡机的基础款（B80）。包装盒一打开就有礼物的感觉，精致用心，连说明书都放在了一个信封里，给人一种值得信任、靠谱的感觉，仿佛是送给用户的一封情书，非常有仪式感。送给喜欢咖啡的朋友做礼物，朋友一定会爱不释手的。

整个咖啡机外形和保温杯差不多，放在办公桌上很低调。

这款咖啡机有枪黑色和砂金色两个颜色可选，我选了枪黑色。咖啡机整体为黑色，通体为磨砂质感，不仅防磨，还防指纹，看起来非常高级。

底部是咖啡机自带的不锈钢小杯子，可以够一个人享用。顶部是放热水的水仓，同样是不锈钢材质。

（3）基础参数

这款咖啡机的基础参数如下。

尺寸：长75mm，宽75mm，高238mm，和普通保温杯一样大小，搭配自带的绒布袋，外出携带非常方便。

电池：内置锂电池，一次充电可以续航 50 杯，完全不用担心续航问题。

压力：峰值压力为 15Bar，可满足萃取意式咖啡的需求，在外也可以享受咖啡的香浓，过一下咖啡瘾足够了。

水仓容量：60mL，需要温度为 85℃到 92℃的热水才能萃取一杯油脂丰富的香浓咖啡。

（4）操作体验

这款便携咖啡机为最高配的车载加热款：N 版胶囊型+粉盒型+D 版胶囊型，同时支持咖啡胶囊和咖啡粉。这下再也不用担心买错咖啡胶囊用不了了，在工位或者出差路上也可以享用自己钟爱的咖啡豆了。

基本流程非常简单：加入咖啡粉/咖啡胶囊——加水（85～92℃）——一键萃取。

NICOH 的开关按钮也做了防误触设计，方便外出随包携带，让大家安心享受咖啡。

（5）清洗方便

便携咖啡机基本在办公室或者车上使用，所以它的清洗工作越方便越好。NICOH 这款咖啡机做得还不错，这主要得益于水仓和下杯内部都是不锈钢材质。

做完咖啡，只需要用清水清洗一下盛咖啡的下杯和咖啡粉盒（如果用咖啡粉萃取），顶部的水仓用纸巾擦干就可以。

这样简单的清洗工作，不会带来额外的负担。

（6）总结

总之，这款 NICOH 便携式 B80 咖啡机，外观小巧，操作简单，它有着"高颜值"的外形，放在桌子上既能提升氛围，又能满足你随时喝到咖啡的需求，是上班族的提神利器，而且也能帮助咖啡爱好者自主选择自己喜欢的咖啡胶囊，为自己制作高品质的咖啡。

2. 加入热点素材

要想提高软文的点击量，其内容就要有吸引人眼球的亮点。借势热点是现在比较流行的一种软文写作方式。现在网络上经常出现高讨论度的影视作品或热点事件，在写作商业广告类软文时，可以将影视作品的内容热点或社会热点事件与软文内容相结合，或是借鉴其中讨论度高的话题，通过这种"蹭热度"的方式，给软文带来更多的热点，自然就能够获得不少的点击量。

例如，某自媒体账号发布了一篇关于华为手机的软文。该软文一开始提到视频短片《人间小事》，说这个短片很催泪，并提到这个短片是第 36 届中国电影金鸡奖开幕式上"官宣"的手机电影短片。这个短片由韩延导演拍摄，而该导演也是当年热门影片《人生大事》的监制。《人间小事》可以看作《人生大事》的"平行世界"故事。

另外，这个短片全部使用华为 Mate 60 Pro+拍摄完成。手机拍电影虽然已不是新鲜事，但作为电影《人生大事》监制与《人间小事》导演的韩延，却能用华为 Mate 60 Pro+拍出与动辄上百万的专业设备同级别的电影质感相似的叙事画面，以及同样饱含情绪感染力的电影表达张力，让观众在瞬间"泪崩"的同时，又感受到了两个影片类似"平行世界"的熟悉感。

开头之后，创作者开始进入正题，阐述华为手机是如何呈现专业级影像的，其中不仅提及使用华为手机拍摄的各个影片，还提到华为手机能成为电影拍摄设备的原因。之后，讲述了中国电影的发展历程，以及电影题材的变化趋势，并对中国年轻一代电影人和影像工作者的成长表示由衷的欣慰，然后阐述了手机电影对电影行业的辅助与促进，强调华为手机记录人间小事和人生大事的力量感。最后，软文宣传了华为影像大赛以及华为手机与金鸡手机电影计划的合作，传达出移动影像的创作力量与品牌温度。

3. 要间接植入产品

软文推广产品的内容不能过于直白，而要间接植入产品。创作者要对产品有比较深入的了解，知晓产品的作用以及消费群体，这样才能有针对性地进行写作。软文内容要吸引人，让用户有看下去的动力，然后在其中融入自己要推销的产品。

推广产品的内容不能是独立的，而要与前面的内容高度联系，且软文的重点内容与产品是吻合的。如果直接写成广告文，用户的阅读体验就会比较差，而且文案被平台保存的时间也不会很长。创作者可以多利用故事、生活人物等要素进行软文写作，在写作过程中适当引出产品信息，简略地描述产品功能、作用即可，最好不要占到全文的1/3。

例如，汽车软文可以围绕汽车写全家乘车出行的温馨故事，珠宝软文可以围绕饰品写饰品给人自信的故事等。总之，要将产品嵌入到整个故事中，使产品成为故事的主要构成要素。

创作者可以通过案例分享来植入产品，针对用户痛点，描述用户目前遇到的困境，使用该产品前的状态等，接着引入产品，详细介绍产品的特点和优势，以及用户使用该产品后受到的积极影响等。在分享案例时，要着重强调该产品给用户带来的价值，可以是身体上的，也可以是心理上的，这样才能将产品推广出去。

知识链接

品牌故事软文的结构通常如下：一、设定状况，描述现状及背景，如品牌创始人过着与一般人相同的安稳的日常生活；二、发现问题并提出问题，如创始人遇到突如其来的意外或灾难，打破其日常生活的平静；三、设定课题，即为了恢复平静或解决问题，创始人开始重塑目标；四、创始人面对困境迎难而上，提出解决方案，克服障碍；五、以解决问题收尾，选出最佳方案，露出广告。

---

4. 场景化描述

占领一个领域的消费认知比创造一个新的消费认知要容易得多。随着社会的发展，需求的层次会越来越完善。每个用户每天使用的产品很多，场景各不相同，我们要做的是思考自己的产品的使用场景，并把自己的产品推到大众面前，在他们需要同类型产品时首先想到的是我们的产品。

当用户与我们的产品产生情感共鸣时，产品就不仅仅是产品，而是一种文化符号，它代表某个群体对某个场景的身份认同。

5. 引用用户的评价

创作者可以通过展示真实的用户评价和使用体验来推广产品或服务。这种软文通常包含用户对产品或服务的具体评价、使用感受和改进建议等内容，旨在为其他用户提供客观、真实的购买参考，从而增强产品的可信度，促进销售。

这类软文常常伴随着互动环节，如留言区互动、问答区互动等，用户可以在这些环节与其他用户或品牌方进行交流，分享自己的使用心得和疑问，进一步了解产品。

由于用户评价具有真实性和客观性，所以很容易在社交媒体上传播开来。当用户对某个产品或服务表示满意时，他们很可能会将这些评价分享给自己的家人和朋友，从而帮助品牌扩大影响力。

> **小技巧**
>
> 在引用用户评价时，创作者需要注意以下几点：一是筛选高质量的评价，二是突出产品的核心价值，三是引用权威数据或专家意见来支持用户评价，四是保持语言与风格的一致性，使用贴近用户的语言风格。

6.4.2 商业广告类软文案例解析

匹克是一家体育运动产品企业，总部位于中国福建省泉州市，主要从事匹克"PEAK"品牌体育运动产品（包括运动鞋、服装及配件）的设计、开发、制造、分销及推广，已有 30 多年的专业研发、制造和销售经验。匹克在中国的零售网点达 5000 多家，在海外拥有 100 多个经销商、1000 多个经销网点，建立起产销结合的国际品牌运营体系。

下面以匹克的某篇软文为例，分析其软文营销策略。

2022 年 5 月 4 日，1989 年创立的中国运动品牌匹克和 1999 年出生的哔哩哔哩 UP 主"何同学"共创了一支创意短片《献给所有脑洞大开的青年们》，其视频文案摘录如下。

"也许你会问我在干嘛，其实，我在运动。看，多么完美的入水动作；看，多么历史性的一刻；看，多可爱一只猫。好吧，也许这不像是一般的运动，但却充满了飞一般的脑洞。它能拓宽身体的边界，刷新美的速度；它能让感官延伸更远，让人与人的化学反应更美妙，让科技能够正式落地，因为每一次脑洞都是超酷的运动。每个人都可以是其中的一员，准备开始这场运动了吗？"

1. 与目标受众对话

软文中的"脑洞大开"对于广告创意人员和市场从业者来说是一项必备技能，而把"脑洞"比喻为一项超酷的运动，既有一种押韵的语感，在短片中还有一种意料之外的观感。同时，也正是这句话，让匹克与"何同学"这两个有着 10 岁年龄差的品牌与个体之间，有了一种精气神上的自然衔接。

再就着这句文案来看匹克在这支"脑洞"短片上线后注入的传播思维，其主要目的是与时下那些对科技感兴趣且敢于把想象付诸实践的年轻人，进行一场有针对性的对话。匹克把这场对话的切入点放在"科技脑洞"这个话题上：将想象力转化为行动力，与年轻人一起开"科技脑洞"。

2. 间接植入产品

在"因为每一次脑洞都是超酷的运动"这句主题文案的指引下，"何同学"在短片中开了多次"科技脑洞"。有的"脑洞"看起来带着一股"男人至死是少年"的浪漫气息；有的"脑洞"满足了时下一些爱运动又爱美的年轻人所拥有的一种心理——运动、社交两不误；有的"脑洞"则把人的感官带进了一个奇幻般的异次元世界。

特别值得一提的是最后那个"脑洞"，这一幕乍看上去像是一艘飞船隐藏在一颗星球的山脉之间，但当"何同学"伸出手把它拉出来时，又发现它其实是一只运动鞋。这只运动鞋正是匹克在这次"聚划算欢聚日"活动期间所发布的一款全新产品——"启源"，它的诞生过程同样是一次将"脑洞"转化为产品的实践。

"启源"的设计灵感来自海洋生物世界中的甲壳目和腹足纲，匹克的设计师注意到前者腹部拥有敏捷的屈伸性，后者肌肉能够推动身体往前进。而在对它进行量产时，匹克突破传统3D打印技术的局限，运用了高速打印技术来重塑制造和设计边界的自由度。

所以从这一点上看，匹克这一次选择让"何同学"来传达它想要倡导的大开"脑洞"的精神，看中的也是"何同学"身上流露出来的那种敢于尝试、思维奇特、行动力强的特质。

该短片在一开始展现了众多年轻人大开的"脑洞"，传达了年轻人思维活跃、敢于创新的特质，后面在"脑洞"大开的话题下植入自己的新产品，使自己的产品自然而然地与"脑洞"产生联结，也间接与年轻受众产生联结。

3. 传达品牌精神与价值观

某广告文案自媒体发表了一篇针对匹克的宣传文案，其中就谈及匹克与"何同学"合作的短片，并在文案后半部分重点介绍了匹克在"重塑品牌科技感"上所做的努力。

该文案的后半部分介绍了匹克的创业史，重点阐述了匹克通过"两线并进"的策略来重塑品牌科技感：第一条线是产品研发的逻辑，用科技思维来解决用户需求；第二条线是品牌传播的内容与形式，以科技感作为第一观感。与传统运动品牌所采用的秀场式发布会不同，匹克将发布会做成了一场未来运动科技大会。观众置身其中，能够直观地感受到匹克所带来的各种硬核技术。

现摘录该软文部分内容如下。

如果你稍微去翻阅一下匹克的创业史，就能发现对制鞋技术的重视，一直存续在它的品牌基因里。

20世纪80年代，已经成为世界知名品牌的Nike打算在中国泉州建立工厂。当时匹克创始人许景南在得知这一消息后，表示愿意与对方合作做加工配套，并在1988年开始筹资建厂。不料厂房建好了，Nike却从泉州搬走了。思虑再三后，许景南决定吸收Nike留下的技术人员和工人，来建立自己的研发和生产系统，创建属于自己的品牌。

而当匹克的品牌接力棒交到新一代CEO许志华手上时，做一家真正有自主创新能力的运动科技公司便成为企业的最高发展战略。同时在这一战略的指引下，匹克也开始重塑其具有科技感的品牌形象。

具体落地时，匹克两线并进。

第一条线，产品研发逻辑，匹克是用科技思维来解决用户需求的。

比如2013年，匹克开始思考有没有一款运动鞋，它既能满足用户的日常通勤需求，又能在不需要换鞋子的情况下，就可以进行日常的慢跑活动。

于是经过研发，2018年匹克推出了轰动市场的"态极"。这款跑鞋的鞋底所采用的"P4U"高分子材料，由匹克联合西安理工大学材料学家李峰所带领的团队发明。穿上这款材料所制成的鞋子，人们可以在日常行走时感受到柔软度，在跑步时又能获得较好的支撑。

这一次"五四青年节"的"脑洞"短片最后有个回马枪的设计，"何同学"手中拿着的那个有弹性的红色态极小球，用的就是这种材料。

第二条线，品牌传播的内容与形式，匹克以科技感作为第一观感。

比如最直接的，2020 年匹克重新改造了它的新品发布会。区别于传统运动品牌所采用的秀场式发布会，匹克将发布会做成了一场未来运动科技大会。观众置身其中，能直观感受到匹克所带来的各种硬核技术。包括这一次与何同学共创的"脑洞"短片，它突出的也是科技带给人的关于未来生活的想象。

最后，匹克在中国市场上陪伴了消费者 30 多年，应该很多人都记得匹克那句经典广告语——I Can Play。从它这一次"五四青年节"邀请年轻人一起来大开"脑洞"的做法来看，匹克也正在试图在这句 I Can Play 里，注入一种 We Can Play 的活力与精气神。

对一个运动品牌来说，研发出能满足消费者日常生活和运动所需的产品是重要的。而在经营品牌的思维层面保持一种动态的更新，同样也是有必要的。

品牌精神和价值观是品牌的灵魂，它们通过软文的形式传达给消费者，能够让消费者更加清晰地了解品牌的个性和特点。当消费者在软文中读到与自身价值观相契合的品牌精神时，就会产生强烈的认同感，这种认同感能够促使消费者与品牌建立更紧密的联系，进而形成忠实的品牌粉丝群体。

6.5　电商活动类软文

电商活动类软文是指为了推广电商平台的特定活动而撰写的软文。这类软文通常采用一种更加柔和、故事化或引人入胜的方式来吸引用户的注意力，而不是直接进行硬性的广告宣传。这类软文在各大平台或社交媒体上的传播可以提升电商活动的知名度和参与度，展现品牌的独特价值和理念，最终吸引更多的潜在用户参与到电商活动中，从而推动销售额的增长。

6.5.1　电商活动类软文写作

撰写软文的最终目的是让用户更愿意选购产品或服务。为了增加软文的可信度，提升用户对企业的认同感，创作者在撰写电商活动类软文时可以采用以下技巧。

1. 巧用故事化手法

故事化手法是软文写作中常用的一种方式，通过讲述一个生动有趣的故事，可以让用户更容易理解品牌的理念和产品的特点。同时，故事化手法也能增强软文的可读性和吸引力。

在撰写电商活动软文时，创作者可以通过以下方法来运用故事化手法。

（1）设定故事背景。要设定一个故事背景，明确故事发生的时间和地点，增加真实感；介绍故事中的主要角色，可以是消费者、商家等。

（2）编织故事情节。为角色设定一个与电商活动相关的问题或挑战，如寻找某款商品、解决购物难题等，并详细描述角色在解决问题的过程中遇到的困难或挫折，以及他们解决这些难题的方法等。创作者要善于在故事中设置高潮和转折，让用户产生强烈的情感共鸣和期待感。

（3）融入电商活动信息。创作者要在故事情节中自然地嵌入电商活动的信息，如活动时间、优惠内容、参与方式等；通过角色的互动和对话，展示活动的吸引力和价值；利用故事中的情感元素，与电商活动形成情感链接，增强用户的参与意愿。

（4）塑造品牌形象。描述品牌在电商活动中的优质服务，增强用户对品牌的信任感。如果品牌本身有品牌故事，可以在软文中穿插品牌故事，增加品牌的深度和厚度。

（5）设置结尾。创作者要为故事设定一个圆满的结局，让用户感到满足和愉悦；在结尾处呼吁用户参与电商活动，享受优惠和福利；也可以在结尾处留下一些悬念或未解之谜，激发用户的好奇心和探索欲望。

下面是一篇电商节的宣传软文。

那些被遗忘的礼物，在电商节里重焕光彩

小时候，我总是期待着每一个节日的到来，因为那意味着会有各种新奇的礼物在等着我。然而，随着岁月的流逝，那些节日的礼物渐渐变得不再那么迷人，甚至有些被遗忘在角落，落满灰尘。

记得有一年，父亲为了给我一个惊喜，特地从外地带回了一个精美的陶瓷娃娃。那娃娃身穿华丽的旗袍，笑容可掬，仿佛能听懂我的心事。可是，随着时间的推移，我的兴趣点从娃娃转移到了电子产品和时尚服装上，那个曾经爱不释手的陶瓷娃娃，也被我遗忘在了书架上。

直到某一天，我在整理书架时无意间再次看到了它。它依然静静地坐在那里，仿佛等待着我的再次关注。我轻轻拿起它，拂去上面的灰尘，那一刻，我仿佛又回到了童年，那个充满期待和惊喜的时期。

那一刻，我意识到，每一个礼物都承载着送礼人的心意和祝福，无论它是否过时，都值得我们珍惜。于是，我决定重新给这个陶瓷娃娃一个家，让它再次焕发光彩。

就在这个时候，我偶然间听说了一个电商节即将来临的消息。这个电商节不仅有着丰富的商品可供选择，还有各种优惠和折扣，让人心动不已。我突然想到，也许我可以利用这个机会，给那些被遗忘的礼物找到新的归宿，同时也给自己带来一些新鲜的惊喜。

于是，我开始在电商平台上浏览各种商品。从家居装饰到时尚配饰，从美妆产品到数码产品，琳琅满目，应有尽有。我仔细挑选着每一个商品，想象着它们如何与我的陶瓷娃娃搭配，让家里变得更加温馨和有趣。

经过一番挑选，我终于下单了。没过多久，我的包裹就陆续送到了。我打开包裹，一件件精美的商品呈现在眼前，让我感到无比兴奋和期待。我迫不及待地将它们摆放在了家里，与陶瓷娃娃一起构成了一个充满故事和回忆的角落。

这个电商节，让我重新找回了对礼物的热爱和珍惜。也让我意识到，生活中的美好往往就在我们身边，只要我们用心去发现，就能让过去的美好重焕光彩。

所以，亲爱的朋友们，不要让你的礼物也被遗忘在角落。在这个电商节里，让我们一起为它们找到新的归宿吧！也许你会发现，那些被遗忘的礼物，在电商节里会重焕光彩，成为你生活中不可或缺的一部分。

2. 使用多样化的软文形式

除了传统的文字软文，创作者还可以尝试多种形式的软文，如图片、视频、音频等，这样可以增加软文的趣味性和吸引力，同时也能拓展品牌的传播渠道。

3. 强调免费、高性价比和实际利益

在网上消费的用户中，有很多人属于价格敏感型人群，因此免费、高性价比或提供实际利益可以很快打动他们。

在软文中，创作者要强调电商活动中的产品具有很高的性价比，在节约花费的同时还能获得相同或更多的利益，在没有提到价格的情况下，要让用户看到能够收获的实际利益。例如，采用"买对奶粉，迅速改善孩子缺铁症状"的标题，再加上软文中的权威数据和图文资料，能够帮助用户意识到自己即将获得的利益，而这种期待感会让他们迅速进入软文营造的消费情境中。

下面是一篇电商活动软文，其中就提到了该活动产品的高性价比。

月光下的秘密宝藏：一场意外的电商奇遇

那是一个月光如水的夜晚，我独自坐在窗前，望着窗外的明月，心中不禁涌起一股莫名的冲动——想要寻找一些特别的东西，为生活增添一抹不一样的色彩。

正当我陷入沉思时，一封来自"秘密宝藏"的电子邮件进入我的视线。邮件中，一个神秘的邀请悄然展开：一场只属于夜晚的电商奇遇，即将在月光下悄然开启。

我好奇地点开链接，仿佛穿越到了一个梦幻的购物世界。这里，每一件商品都仿佛被月光赋予了魔力，散发出诱人的光芒。我漫步在这个奇妙的世界里，不时被一些独特的商品吸引。

"咦，这件家居饰品好特别！"我眼前一亮，一个精致的花瓶映入眼帘。它的造型优雅，线条流畅，仿佛是一件艺术品。更令我心动的是，它的价格竟然比平时低了许多。我犹豫了一下，还是决定将它收入囊中。

我继续前行，来到了一片时尚的森林。这里，五彩斑斓的服饰、鞋包应有尽有。我挑选了几件心仪的衣物，发现它们不仅设计独特，价格也十分亲民。我暗自高兴，仿佛捡到了大便宜。

突然，我看到了一个醒目的标志——"低价区"。我好奇地走了进去，只见一件件超值商品在眼前闪烁。我迅速锁定了一个心仪已久的数码产品，毫不犹豫地加入了购物车。

月光下的这场电商奇遇让我收获颇丰。我惊叹于这些商品的独特与实惠，仿佛真的找到了一片秘密宝藏。这次经历让我意识到，原来购物也可以如此有趣和充满期待。

亲爱的朋友，你是否也想加入这场月光下的秘密寻宝之旅？快来××电商平台，与我一同探索这片充满惊喜的购物天地吧！你会发现，这里的每一件商品都如同月光下的宝石，闪耀着诱人的光芒。让我们一起享受这场购物的盛宴，寻找属于自己的那份特别与惊喜吧！

4. 抓住用户的需求

创作者要明确针对的是哪一类用户群体，是职场人士，还是学生群体，先做人群洞察分析及用户调查分析，对目标人群有了一定的了解后，再以人群为切入点换位思考，从用户的角度分析他们需要的是什么，再有针对性地写出有利于解决其痛点的要点，这样做的好处是可以直击用户痛点，而且不会引起他们的反感，最终提高转化率。

5. 提供清晰的活动信息

在电商活动类软文中，活动时间、地点、参与方式、报名流程等活动信息是非常重要的。创作者要确保用户可以轻松获取所需信息，并且愿意花时间参与活动。例如"双十一"或"双十二"的大促活动，软文在点明时间后，还要引出活动产品信息，具体介绍如何参与活动，参与活动可以享受到什么优惠等，让人一目了然。

要想增强软文的推广效果，在写作前就要先理清写作的逻辑结构，以及预期的效果。我们可以把软文分成三个部分，每一部分都需要明确写作重点，例如，在开头就提出软文的主旨，让用户明白自己看的是什么，重点在哪里；第二部分可以进一步描述品牌的细节，如相关的基础信息、品牌史、品牌产品的活动信息等；第三部分就是结尾，引导用户来参与，首尾呼应。

6.5.2 电商活动类软文案例解析

一个整天嘻嘻哈哈、快乐无忧的小男孩突然再也不笑了？听说他还是从火星上来的？校园里的"流言"传得沸沸扬扬，又是一件什么样的神秘礼物让他重拾欢笑呢？

这一充满悬疑、欢乐反转和跌宕起伏的故事并不是某部新电影的梗概，而是 2021 年天猫"双十一"的品牌广告片。

该片讲述了一个活泼爱笑的小朋友王小乐，因为掉牙而失去了笑容，他变得非常敏感，害怕同学们因此而嘲笑他。然而，他的朋友们非但没有嘲笑他，反而都戴上了发光牙套，这种将心比心的暖心举动，最终帮助王小乐找回了笑容，如图 6-4 所示。

图 6-4 天猫"双十一"品牌短片

短片的运镜、剪辑和台词颇具电影质感，短短几分钟的剧情兼具悬疑、喜剧等元素，让人随着一波三折的剧情恍然大悟，引出了"小快乐，也有大美好"的主题。

下面就来分析这个品牌广告片的文本内容，据此来了解如何撰写电商活动类软文。

1. 用故事打动人心

天猫"双十一"品牌广告片多是以展现人物群像、新商品、新体验为主，意在通过较为宏观的视角在消费者、商家等心中建立品牌心智，树立品牌形象。《王小乐不乐》这个广告片与天猫"双十一"以往的广告片在情感的表达上有一脉相承的部分，但在内容上又有创新，视角更加微小且巧妙。

从短片立意中，我们也窥见了天猫对于当下社会情绪状态的敏锐洞察。在快节奏的生活中，每个人都像一只上紧发条的"陀螺"，忙碌地奔走于尘世间。紧张的工作、学习和来自生活的压力，都让人在追求更好明天的同时，渐渐忽视了生活中那些触手可及的美好与快乐。

《王小乐不乐》既没有海量商品植入，也没有呈现品牌和消费者的大联欢，只是通过一个暖心的小故事，传递"小快乐，也有大美好"的箴言，唤起人们对身边美好和快乐的感知力。

天猫"双十一"已不仅是一个单纯的购物节，更承载了亿万消费者表达快乐、传递祝福、实现美好生活的愿望。因此，天猫"双十一"将"美好生活共同向往"作为核心主题，意在传递天猫"双十一"致力于与社会、行业、消费者共同发掘生活中的美好、为大家实现美好生活的愿望，展现了更具人文关怀的品牌形象。

2．抓住用户群体的需求

《王小乐不乐》主要抓住了用户在以下几个方面的需求。

（1）追求性价比。"双十一"作为电商的隆重节日，用户对于性价比的追求是非常明显的。虽然该短片并没有直接强调价格优惠，但通过"小快乐，也有大美好"的主题，暗示了天猫"双十一"可以为用户带来物超所值的购物体验。

（2）追求新鲜感和体验。短片中提到的"小快乐，也有大美好"也暗示了用户对于新鲜感和体验的追求可以得到满足。通过天猫"双十一"，用户可以接触到各种新商品、新品牌并获得新体验，满足他们对新鲜感和探索欲的需求。

（3）社交需求。"双十一"不仅仅是一个购物节，也是一个社交节日。用户在"双十一"期间可以通过分享自己的购物清单、晒单等与亲朋好友进行互动。短片讲述的温馨的故事，也激发了用户的社交欲望，促使他们参与到"双十一"的社交互动中。

（4）品质生活追求。短片中提到的"小快乐，也有大美好"也体现了用户对品质生活的追求。虽然价格优惠是"双十一"的重要吸引力之一，但用户更看重的是商品的质量和购物体验。通过天猫"双十一"，用户可以购买到高品质的商品，享受优质的购物服务。

3．使用视频形式进行软文营销

这个品牌短片通过讲述一个温馨、富有情感共鸣的小故事，将用户带入一个充满小美好和温馨情感的场景。虽然这是一个短视频，但短视频的画面、情节等内容转化为文本内容后，是一个标准的故事型软文。

该软文采用的短视频形式能够更好地触动用户的内心，让他们产生强烈的共鸣，并激发他们对天猫"双十一"活动的兴趣和期待。故事中的情节和细节与"双十一"购物节的主题紧密相连，巧妙地将品牌、活动和用户情感融合在一起，达到了宣传和推广的目的。

课堂实训：方太公益活动软文分析

教学视频

方太公益
活动软文分析

1．实训背景

方太在新品上市期间推出一则短片《给地球的一封情书》，从地球的角度切入，引出环保的理念，再落回方太关注人与环境这一品牌理念，进行了一场品牌传播。同时，方太推出短片之际正值植树节，它将短片内容与节日联系，突出了环保理念，也借此阐述方太的产品致力于污染防护治理，保护地球环境。

该短片从两个角度展开：一是宏观角度，通过不同时代的 4 个故事，讲述中国 40 年间为环保所做出的努力，提炼出一代又一代中国人对地球深沉的爱；二是微观角度，在讲述完故事之后，再回到方太本身，围绕品牌多年来致力于基础领域的科技创新，表达方太一直在为环保默默付出，在日常的一日三餐中保护着地球。

不仅如此，方太还联合中国绿发会、中国银联等多家品牌和机构，发起话题"告白地球的一百句情话"，共同倡导环保的公益主题，让用户一同参与，共建环保理念："保护生物多样性，为地球共谱一曲欢乐颂；为低碳积分，每一笔消费都是和地球交好；快递箱不仅装你喜欢，也能'纸'造美好；每一次纯电出发，只为驶向更好的未来；一头牛一年排放约3吨的二氧化碳，但小牛不会；写在智能办公本上的一笔一划，不会划在大树的心上；智能护眼观影，为自己减负，也为地球减负；为了更好的生态，扫地机器人也会心中有树。"

2．实训要求

请同学们分析案例中方太公益活动软文的写作思路，并为方太撰写一篇公益活动软文。

3．实训思路

（1）讨论案例

请同学们分析案例中方太公益活动软文的写作思路，并讨论如何将本书中介绍的写作技巧应用到方太的这一公益营销活动中。

（2）撰写软文

在网络上搜索方太的其他公益活动，整理各种信息之后，为方太的公益活动撰写一篇软文，要求主题鲜明，着重表述其公益活动的社会价值。

课后思考

1．简述三农产品类软文的写作技巧。
2．简述公益活动类软文的写作技巧。
3．简述运用故事化手法撰写电商活动类软文的方法。

第7章

软文的传播与营销效果

软文可以通过多种渠道进行传播，如新闻网站、社交媒体、行业论坛等。这些渠道覆盖了广泛的受众群体，有助于扩大品牌知名度和影响力。软文通常采用故事性、情感化的叙述方式，以贴近受众的生活经历和情感为出发点，使受众更容易接受并传播软文。在品牌营销过程中，营销者还要做好软文营销效果的评估工作，掌握影响软文营销效果的关键因素，从而不断做出调整，提升软文的营销效果。

学习目标

> 了解常见的软文传播渠道和软文传播参与者。
> 掌握软文的传播策略和软文传播的影响因素。
> 掌握评估软文营销效果的方法。
> 掌握提升软文营销效果的方法。

素养目标

> 提升对社会热点的敏感度。
> 培养数据意识和数据思维，用大数据指导营销活动。

案例导入　海信电视 U8《致敬影像完美主义》

　　流量快速增长的红利期已然过去，品牌之间开始以精细化运营展开流量竞争。在此背景下，品牌与用户的长期沟通变得尤为重要，这也让各领域都开始探索从"网红"转向"长红"的营销新范式。

　　海信电视 U8《致敬影像完美主义》系列，以"专业人讲专业事"为基调，诠释影像完美主义信念背后的坚持与付出，可谓是消弭用户对画质理解的鸿沟、实现产品在高端圈层影响力蓄水的行业范本。

　　从《致敬影像完美主义》系列不难看出，海信电视 U8 巧借艺术家对创作的极致追求，将"抽象"的画质以"具象化"形式展示给用户，打破了好画质要看分区、亮度多少的"理性标准"，将极致明暗的水下洞穴、色彩精美的光绘作品等具象展示，转变为令人亲眼可见、用心感受的"感性认识"，让海信 ULED X 参考级影像有了形

教学视频

海信电视 U8
《致敬影像完美
主义》

象的体现，而这恰恰就是以故事构建的情绪引力场所在。

当用户跟随水下摄影师探索深水，穿越人迹罕至的绝美奇景，见证每一束光源反复被深水吞没，就能深切地体会到每幅细节丰富、色彩真实、明暗分明的作品都是海信电视 U8 对画面的极致还原。当用户与天文摄影师追寻星空，捕捉光年之外的星空绮丽，见证海信电视 U8 用真实、精准的画质将《阿玛直米冬季星空》《金环》等艺术作品完美呈现时，就会实现内心深处的同频共振。

影像之所以动人，是因为它是人内心深处的感性映射，也是眼耳身意无形的栖息之处，它与情绪有着天然的强关联度。而海信电视 U8 充分借助这种优势，并充分将东方美学、民族元素、自然奇观等价值符号完美融合，让好故事真正做到拨动用户心弦。

在一系列内容聚合发酵下，海信电视 U8 实现了情感共鸣、专业认可、具象展示、文化赋能 4 个维度的深度传播价值，不仅通过情感化营销策略提升了用户对产品的认知度和好感度，还借势头部专业人士的影响力和公信力提升了产品在目标用户中的认可度，并且通过具象化形式削弱了技术理解成本，从而达到了更好的传播声量。

《致敬影像完美主义》系列很快在全网播放量超 1000 万，互动量破 10 万，总曝光量超 8000 万，不仅充分发酵出 ULED X 参考级影像系列高端画质的用户认知，还与科技圈层、数码圈层、精英圈层等的用户达成深度建联，实现声势破圈。

7.1 软文的传播

软文的撰写固然重要，但软文营销的作用需要传播给目标用户才能发挥出来。在新时代背景下，软文的传播正面临着新的趋势和更多的挑战，企业需要不断创新和优化软文的传播策略，选择合适的传播渠道，以提升软文推广的传播效果。

7.1.1 软文的传播渠道

随着互联网的快速发展，软文推广已经成为品牌传播的重要方式之一。然而，在众多软文传播渠道中，如何选择优质的渠道，以最大化提升品牌曝光和传播的效果，是每个营销者都需要思考的问题。下面介绍一些常见的软文传播渠道。

1. 新闻媒体平台

新闻媒体平台是传统软文推广的有力工具，包括新闻网站、行业媒体等。新闻媒体平台一般用来做新产品上线、活动宣传、企业品牌背书等营销活动的渠道，可以将品牌信息传播给更多的潜在客户。在选择新闻媒体平台时，首要考虑的因素是平台的权威性和影响力，此外还需要考虑平台的知名度，受众是否与目标受众匹配，以及是否有相关的专题栏目等。

2. 自媒体平台

自媒体平台，如微信公众号、微博、小红书等，已经成为软文推广的热门渠道。自媒体平台为企业提供更高的创作自由度，可以用更个性化的方式传播品牌信息。

在选择自媒体平台时，营销者要关注自媒体账号的粉丝数量、内容质量、受众属性、以及是否有成功的合作案例等。与自媒体进行深入的合作，可以让品牌信息更贴近受众，建立更亲近的关系。企业也可以成立自己的自媒体团队，建立自媒体矩阵，系统化地传播品牌信息。

3. 行业平台和论坛

面向特定行业的平台和论坛也是软文推广的重要渠道。这些平台和论坛通常汇集了对特定领域感兴趣的用户，适合有针对性的品牌宣传。选择行业平台和论坛时，营销者要考察平台和论坛的活跃度、用户互动程度，以及是否具备专业性等。积极参与这些平台和论坛的讨论，建立品牌专业形象，可以增强品牌在该领域内的影响力。

4. 问答平台

问答平台也是软文推广的重要渠道，如知乎、百度知道、新浪爱问、360 问答、搜狗问问等。这些平台不仅能回答用户的问题，还能将软文信息传播给潜在用户。在选择问答平台时，营销者要考虑平台的权威性、流量及受众特征。在这些平台上提供有价值的答案，可以更好地建立品牌信任度，吸引更多的用户。

5. 搜索引擎平台

搜索引擎平台（如百度、360 等）是用户获取信息的主要途径之一。在搜索引擎平台上发布软文，可以使目标用户在搜索相关关键词时看到投放的软文，这会大大提高软文的可见性和曝光度，增加与潜在客户的接触机会。

另外，搜索引擎平台通过算法对搜索结果进行排序，确保最相关、最有价值的内容被优先展示给用户。因此，如果软文内容与用户的搜索意图高度匹配，就有可能在搜索结果中获得更高的排名，从而吸引更多的目标用户。

6. 影视媒体

影视媒体推广是针对影视行业的软文推广方式，例如，在电影、电视剧、综艺节目中嵌入软文信息，或者进行广告植入等。这种方式的优势是可以借助影视媒体的热度和流行度，吸引更多人的关注。

7.1.2　软文传播的参与者

软文传播的参与者主要包括以下几类。

1. 品牌方

品牌方是软文传播的发起者，他们通过撰写或委托他人撰写软文，以传播品牌信息、产品特性、企业文化等内容的方式，提高品牌的知名度和美誉度。

2. 头部主播

头部主播在特定领域或社群中具有较高影响力和较强话语权，他们的观点和行为能够影响大量粉丝。品牌方可以通过与头部主播合作进行软文推广，借助头部主播的影响力扩大软文传播范围，提高产品或品牌的曝光度。

3. 软文创作与发布公司

这些公司通常拥有专业的团队，包括策划、撰稿、编辑、推广等专业人员。他们为客户提供定制化的软文创作与发布服务，确保软文的质量和传播效果。

4. 媒体平台

软文传播的媒体平台多种多样，包括微信公众号、知乎、微博、今日头条、小红书等。这些平台为软文提供了展示和传播的渠道，使软文能够触达更广泛的受众。

5. 目标受众

软文传播最终面向的是目标受众，即潜在消费者或现有消费者。通过精准的软文推广策略，品牌方能够触达并影响这些目标受众，提升目标受众对品牌的认知度和购买意愿。

总的来说，以上参与者共同构成了软文传播的生态系统，通过协作和互动实现软文的有效传播和推广。

7.1.3 软文的传播策略

在软文传播时，要想最大程度地提升软文的传播效果，营销者可以运用以下策略。

1. 选择合适的发布平台

在撰写软文之前，营销者要明确目标受众，包括分析目标受众的年龄、性别、兴趣爱好、消费习惯等信息，以便更准确地把握目标受众的需求和心理，然后根据目标受众的特点选择合适的发布平台，如社交媒体平台、传统媒体平台等，这有助于提升软文的曝光率和传播效果。

2. 借势热点话题

营销者要及时抓住当前的热点话题，如时事新闻、社会热点、行业动态等，并结合品牌特点将其巧妙地融入软文内容中，从而吸引更多受众的关注与讨论。另外，在软文传播过程中，营销者在设置话题时要选择热点话题，通过热点话题为软文引流。

素养课堂

在现代营销中，热点代表着流量，代表着机会，所以营销者要学会追热点，善于追热点，研究热点背后的知识和逻辑，洞察热点背后的营销策略，掌握热点背后的营销技巧，这样才能在市场竞争中占据优势地位。

3. 合理使用关键词

在撰写软文时，合理使用关键词有助于提高其在搜索引擎中的排名。研究目标受众的搜索习惯，将关键词融入文章标题和正文中，以便目标受众能够更容易地找到软文。

4. 引导用户互动

营销者可以在社交媒体上分享软文，并鼓励用户进行转发、评论与分享，促使其在软文下方提问或分享自己的看法，增加互动性，并扩大传播范围。同时，营销者也要及时回应用户的评论和问题，展现品牌对用户的关心和负责任的态度。

5. 通过数据优化传播效果

营销者要时刻关注软文的推广效果，根据数据持续优化推广策略和内容。品牌需要设定明确的关键绩效指标，如引流量、用户留存率和转化率等，通过这些指标来评估每次推广的效果，然后根据分析结果调整内容策略或推广手段。例如，如果发现某一类型的内容特别受欢迎，则可以增加这类内容的投放；如果某个推广渠道表现不佳，可能需要调整推广策略或尝试新的渠道。

6. 与其他营销活动相结合

营销者要将软文传播与其他营销活动（如促销活动、线上活动、线下活动等）相结合，利用软文为其他营销活动引流或预热，提升活动的曝光度和参与度，提高整体营销效果。

7.1.4　软文传播的影响因素

软文传播的影响因素涵盖了多个方面，这些因素相互关联、相互影响，共同构成了软文传播的整体营销策略。营销者要提前了解这些影响因素，从而在撰写软文和传播软文时规避误区，提升软文的传播力。

1. 信息的传播性

要保证信息的传播性，软文必须做到准确、简单，有很强的自传播性。其中准确、简单是一篇好软文的第一要素。

（1）准确

软文的内容必须真实可靠，不能夸大其词或编造虚假信息。只有真实的信息才能赢得用户的信任，进而达到好的传播效果。

软文需要针对特定的目标用户进行撰写，确保信息传达的准确性。了解目标用户的需求和兴趣点，能够使软文内容更具针对性和吸引力。

软文的用词要准确，避免使用模糊或含糊不清的词汇。精确的语言能够更好地传递信息，让用户一目了然。

（2）简单

软文的内容要简单易懂，避免使用过于复杂或专业的术语，用简单明了的语言表达观点和信息，能够使用户更容易理解。

软文的结构要合理，段落分明，逻辑清晰。这样的软文更容易被用户接受和理解，提高用户的阅读体验。

在软文中要突出重点信息，让用户能够快速抓住软文的核心内容，这有助于加深用户对信息的印象，提高传播效果。

（3）有自传播性

自传播性是指即使缺少媒介的曝光也能进行传播。有自传播性的软文通常具有以下特征。

一是具有韵律。有自传播性的软文一般具有独特的韵律，如使用了押韵、对仗等修辞手法，在音节和语调上产生和谐感，从而能够吸引用户阅读。韵律感还体现在软文的语言风格上。软文采用流畅、优美的语言，通过运用修辞手法和恰当的词汇搭配，可以使软文在整体上呈现出一种和谐、悦耳的感觉。

二是利用已有认知。因为受记忆力或知识的限制，人们在做判断的时候常利用自己熟悉或者容易想象的信息。因此，如果软文要推广的产品信息对用户来说比较陌生，营销者可以利用用户的已有认知，套用用户熟悉的内容，让用户记住产品信息。利用已有认知主要体现在如表 7-1 所示的几个方面。

表 7-1　利用已有认知

已有认知	说明
针对目标用户的已有认知	深入研究目标用户的已有认知，了解他们的知识水平、理解能力和观点。在撰写软文时，结合用户的已有认知，用他们熟悉的语言和表达方式，使内容更容易被接受和理解
引用或提及热门话题	利用当前热门话题或事件，将其与软文内容相结合，吸引用户的注意力。用户对于热门话题往往已有一定的认知，通过提及这些话题，可以迅速拉近与用户的距离，提高软文的自传播性
共同的文化符号和记忆	在软文中融入共同的文化符号和记忆，如经典故事、历史事件、流行语等。这些符号和记忆能够迅速引起用户的共鸣，使他们对软文产生更深的认同感，进而愿意分享和传播
塑造具象化的形象	根据用户的已有认知，塑造具象化的形象，使软文内容更加生动、直观。例如，通过描绘具体的产品使用场景、人物故事等，让用户能够直观地理解产品特点和优势，从而增加软文的吸引力
突出正确的感觉	结合用户的已有认知，强调产品或服务带给他们的正面感受和价值；通过描述使用产品或服务后的愉悦体验、解决问题的成就感等，激发用户的购买欲望和分享欲望
强化品牌认知	如果软文是为某个品牌撰写的，那么在软文中要巧妙地融入品牌元素和理念，加深用户对品牌的认知，提高品牌的知名度和美誉度，进而增强软文的传播效果
使用数据和信息支撑	使用用户熟悉的数据和信息来支撑软文的内容。例如，引用行业报告、市场调查等权威数据，提升可信度并增加说服力，使用户更愿意相信和分享软文内容

知识链接

软文具备价值性是实现软文传播的基本要求。具有价值的软文（如生活技巧、行业知识、产品使用指南等）能够解决用户的实际问题或提供有用的信息。用户阅读这样的软文后，能够从中获得实质性的帮助或启发，这是软文价值性的直接体现。另外，在软文中要提出新颖、独特的观点或见解，引起用户的兴趣和思考，这种独特性不仅体现在内容的创新上，也表现在分析问题的角度和方法的独到之处。

2. 传播的动机

用户往往基于一定的动机传播软文信息，传播的动机一般分为两大类，即获取货币与社交货币。

（1）货币

货币是指经济利益。在用户传播软文的动机中，经济利益的因素主要体现在以下两个方面。一是奖励机制，例如，分享软文到社交媒体并获得一定数量的点赞、评论或转发后，用户可以获得现金红包、优惠券、积分等奖励。这种直接的利益驱动能够显著提高用户的分享意愿，如安踏在官方微博上发布营销软文，号召用户参与互动，并从中抽奖，用经济利益来激发用户互动和传播软文的积极性，如图 7-1 所示。二是收益分成，例如，一些电商平台或内容平台允许用户通过分享带有特定链接或二维码的软文，引导其他用户购买商品或访问网站，从而获得一定比例的佣金或收益，这种收益模式能使用户有更强的动力来传播软文。

图 7-1 经济利益传播动机

（2）社交货币

社交货币是指个体在社会交往中能够用来与他人交往、交流、交易的一切非法定货币的社交资源或能力。社交货币包括但不限于亲友情感、人格魅力、信誉威望、圈层认同、权利地位、信息知识、才艺技能、经验观点、研究成果等。

社交货币在软文传播中的体现主要可以从表 7-2 所示的几个方面进行归纳。

表 7-2 社交货币在软文传播中的体现

体现	说明
满足自我认同	（1）外部形象塑造：用户通过分享符合自己价值观的软文来塑造自己的外部形象，如"我是谁""我来自哪里"等身份标识； （2）思想形象展示：用户分享的软文往往能够反映其个人思想、价值观或信仰，从而实现向他人展示其思想形象的目的； （3）理想追求：用户通过分享一些励志、成功类的软文来展示自己的理想追求
打破思维定式	优秀的软文往往具有新颖性，能够打破人们的常规思维，用创意性内容引起用户的兴趣和分享欲望
运用社会比较	用户通过分享一些有特点的软文内容来展示自己在某一方面的优势，从而获取他人的关注和认同
贯彻利他主义	用户分享的软文中包含比较实用的信息、知识或技巧，如"适合白领吃的 7 种水果搭配"等，这些内容能够帮助他人解决问题或为他人提供便利，从而增加用户的社交货币
创造归属感	（1）用户参与：软文内容鼓励用户参与互动，如投票、评论等，从而提升用户的参与感和归属感； （2）稀缺性：通过制造稀缺性，如限量版、限时优惠等，让用户感受到自己拥有某种独特或珍贵的社交货币； （3）专有性：软文内容具有专有性，如独家报道、独家观点等，让用户感到自己掌握了独特的信息资源，从而增加其社交货币的价值

3. 关键人物

在软文传播过程中，关键人物的作用不可忽视。他们通过自身的知名度和影响力，能够迅速将软文内容传播给更广泛的用户群体，提升软文的曝光度和传播效果。同时，他们的推荐和分享还能增强软文内容的可信度和权威性，进一步促进用户的转化。因此，在软文传播过程中，营销者要注重与这些关键人物的合作和互动，以充分发挥他们的作用，提升软文传播的效果。

软文传播过程中的关键人物往往有着强大的传播力，关键人物主要有名人、"网红"和头部主播等。名人或"网红"在曝光度上更高，他们或许是因为专业、权威而被人熟知，或许是因为能够给大家带来欢乐而成名。名人或"网红"的粉丝群体不一定精准，但可以形成较广的传播范围。再加上流行风潮的影响，涉及名人或"网红"的软文会吸引更多追逐潮流的粉丝传播。

头部主播拥有较高的知名度、较强的影响力和粉丝基础，同时在特定领域或行业中具有专业知识或独特见解，其生产的内容具备较高的权威性和可信度，能够引发大量关注和讨论，他们的推荐和分享往往能够使软文得到迅速传播。

4. 环境

软文传播的环境因素主要有社会环境和人际环境。

（1）社会环境

软文传播要考虑用户所处的社会环境并提出对应的传播策略，甚至需要顺应当下的社会环境，让软文自然传播。

随着社会的发展和科技的进步，用户的信息接收习惯和消费心理发生了显著变化，用户更加注重个性化、互动性和参与感。在软文传播中，这体现为用户对软文的阅读方式、偏好和反馈方式的多样化。因此，软文在内容和形式上需要更加贴近用户需求，采用更加直观、生动的表现方式，吸引用户的注意力。

社会热点和趋势是软文传播中不可忽视的因素，通过关注社会热点和趋势，营销者创作的软文能够迅速吸引用户的眼球，提高传播效果。在软文传播中，软文可以结合社会热点和趋势进行内容创作，将品牌或产品信息与社会热点相结合，以增强软文的时效性和吸引力。

在 2024 年 6 月的热播剧《玫瑰的故事》中有一句台词"出圈"了，剧中角色方协文对妻子质问："那你偏要去北京什么意思，北京到底有谁在啊？"这个情节被央视网、北京文旅等众多官方账号剪辑视频玩"梗"，最高点赞量超百万。之后，各地文旅也是纷纷接招，新疆、贵州、海南、湖北、山东等地开启二次创作，主打一个"没场硬转"，"北京有大兴机场，坐上飞机，就能来到新疆……"网友表示，该角色马上成为全国文旅宣传大使了。

而且这股转场的风还吹到了高校，6 月 25 日下午，清华大学官方微博发布"北京到底有谁在啊"的相关视频并写道："清华告诉你北京到底有谁在，代码 10003，欢迎报考清华大学！"

不管是地方文旅还是高校，都不约而同借助热播剧《玫瑰的故事》的流量，通过"台词梗"的二次创作形成广泛传播，提升了自身文旅和校园品牌的热度。

另外，不同的文化背景和价值观对软文的传播效果有着重要的影响。在跨文化传播中，营销者需要充分考虑不同文化背景下的用户特点和价值观差异，以避免文化冲突和误解。在软文传播中，可以通过深入了解目标用户的文化背景和价值观，采用符合其文化特点和价值观的表达方式，以增强软文的亲和力和可信度。

（2）人际环境

人际环境的广泛性和复杂性、人际关系的多样性和互动性等特征在软文传播中发挥着重要的作用。充分利用人际环境的特点和优势，可以进一步提高软文的传播效率和影响力。

软文传播中的人际环境因素主要有互动反馈、口碑传播和信任传递。

- **互动反馈**：在人际环境中，用户对软文内容的反馈和互动是软文传播的重要因素。用户可以通过点赞、评论、分享等方式来表达对软文内容的态度。这些反馈和互动不仅为软文传播提供了数据支持，还能帮助品牌或企业了解用户的需求和偏好，进一步优化软文内容和传播策略。例如，君乐宝在其官方微博以"快乐不分大小"为话题发布软文，向用户传达"小事也可以带来大快乐"的观念，并号召用户在评论区分享自己经历过的快乐的小事情，如图 7-2 所示。

图 7-2　软文传播中的互动反馈

- **口碑传播**：人际环境中的口碑传播是软文传播的重要渠道之一。当用户对软文内容产生兴趣或认同时，他们可能会通过社交媒体、口头传播等方式将软文分享给亲友或同事。这种口碑传播不仅扩大了软文的传播范围，还增强了软文的可信度和影响力。
- **信任传递**：当用户对软文内容产生信任感时，他们更可能将软文分享给亲友或同事，形成信任传递的良性循环。这种信任传递不仅增强了软文的可信度和影响力，还提高了用户对品牌或企业的忠诚度。

小技巧

在群体中，情绪和行为具有传染性。要想让软文快速传播，首先应考虑让软文在一个群体中传播。在开展品牌传播活动时，如果要选择人群，在资源有限的情况下，营销者就要单点突破，围绕邻近的生活区域逐步传播，逐渐使同一生活群体形成对品牌的共同认知，当同一个群体中的人开始讨论品牌时，软文信息就已经在人际环境中被自发地传播了。

5. 接收方的状态

接收方处于软文传播的最后一个环节，其状态对软文传播的效果影响巨大。只有接收方处于情绪唤醒状态，他们才会主动、积极地传播软文。要想使接收方处于高情绪唤醒状态，营销者在软文传播中可以从以下几个方面来着手。

（1）选择情绪激活点

营销者要洞察接收方的情感需求，选择能够触发其情绪共鸣的激活点。例如，针对"宝妈"群体，可以选择她们在照顾孩子的过程中遇到的幸福与烦恼作为切入点。营销者可以在社交媒体等平台上观察接收方讨论最热烈的话题，这些话题中往往包含了情绪激活点的线索。

（2）制造情绪冲突与对比

通过对比和反差强烈的两种情绪，使接收方产生情绪波动，从而快速吸引其注意力。例如，在软文中使用诸如"曾经，我们在校园里充满激情地谈论着理想，画笔在纸上肆意挥洒，音符在空气中自由跳跃，文字在笔尖流淌出内心的世界。可如今，曾经热爱的绘画、音乐、写作都被搁置在角落，蒙上了厚厚的灰尘"这样的句子，引发接收方的共鸣和反思。

（3）利用故事叙述

讲述与接收方生活息息相关的故事，使其更容易产生共鸣和情感投入。在故事中融入接收方可能经历过的场景、情感和挑战，使其更容易进入高情绪唤醒状态。

（4）采用视觉和听觉刺激

利用图像、视频、音频等多媒体元素，为接收方提供更加丰富的感官体验。这些元素能够更直接地触发接收方的情感反应，使其更容易进入高情绪唤醒状态。

7.2 软文营销效果评估

软文营销效果是指用户接收信息后，在知识、情感、态度和行为等方面发生的变化，意味着软文的传播在多大程度上实现了营销者的目的。对软文营销效果进行科学评估可以帮助营销者明确软文传播方向，发现营销中的不足，从而改进营销方式。

7.2.1 评估软文营销效果的方法

企业需要用具体的数据来衡量软文的营销效果，根据不同的软文营销目的，企业可以选择不同的数据及方法进行软文营销效果评估。

1. 成本评价法

成本评价法，又称投入产出比评价法，主要适用于以营销为导向的企业，通过将软文营销期间的销售业绩和同期进行对比，并将营销投入费用和业绩增长额进行比较，从而评估营销效果。如果业绩增长额远远超过投入，那么软文营销的效果就是显而易见的。这种方法通常适用于平面媒体和网络软文的营销效果评估。

成本评价法是计算企业在软文营销中投入的费用能够带来多少销售转化的方法，其计算公式为：投入产出比＝[（软文投放后产品的销量-软文投放前产品的销量）]×产品单位利润÷投入费用。

一般来说，软文的投入产出比数值越高，说明单位软文营销成本带来的销量利润增长就越大，软文营销效果也就越好。

2. 搜索引擎收录评价法

搜索引擎收录评价法主要适用于门户网站投放的软文。在发布软文之前，企业通过百度网页检索相关关键词，并记录搜索结果，然后在发布软文之后，再次进行检索并对比结果，这样可以客观地评估软文营销的收录效果。企业也可以在其他搜索引擎平台如搜狗搜索、360搜索等进行检索，以获取更全面的结果。

3. 转载率评价法

转载率评价法可以衡量软文的二次传播率，适用于网络门户网站和新媒体软文。如果软文引起网友的主动评论或转发，就可以认为它具有二次传播效果。软文的转载率越高，软文营销的效果就越好。

4. 流量分析评价法

流量分析评价法适用于推广网站或 H5 页面活动的网络软文，通过使用站长工具等工具，可以准确地衡量软文为网站或 H5 页面带来的浏览量，即计算从软文跳转到相应网站或 H5 页面的点击量。

另外，阅读量也可以作为考核流量的一个重要指标，如微信公众号、微博、今日头条等平台可以直接查询软文阅读量，通过阅读量查看和评估软文的覆盖范围。图 7-3 和图 7-4 所示分别为微博软文阅读量和微信公众号软文阅读量，营销者可以通过这些数据来评估软文的流量及营销效果。

5. 置顶率评价法

置顶率评价法适用于评估网络论坛帖子的营销效果，通过记录帖子被置顶的次数，可以评估软文在论坛中的影响力和受欢迎程度。

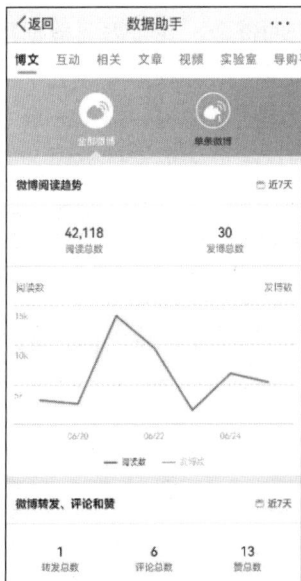

图 7-3　微博软文阅读量　　图 7-4　微信公众号软文阅读量

7.2.2　软文营销效果的评估模型

在新媒体时代，建立简单、科学、系统的营销效果评估模型是实现软文传播目的的必要前提。软文营销效果的评估模型主要考量曝光量、参与度、影响力和行动力 4 个因素。

1. 曝光量

在软文营销中，曝光量是指软文在一定时间内通过各种渠道被用户看到的次数，在一定程度上反映了软文的传播范围。

曝光量主要体现在以下几个方面。

（1）基础数据指标

基础数据指标有阅读量和展现次数。阅读量直接反映了软文的曝光次数。例如，一篇软文被 10000 人阅读，那么它的曝光量就是 10000。在某些平台或媒体上，软文可能被多次展示给同一个用户，展现次数是指这些展示的累计次数。

（2）社交媒体影响力

社交媒体影响力主要包括分享量、转发量等。分享量是指软文在社交媒体上被分享的次数，也间接体现了软文的曝光量，因为每次分享都可能让更多的用户看到这篇软文。转发量类似于分享量，转发也是增加软文曝光量的一种方式。

（3）搜索引擎收录与排名

软文被搜索引擎收录的数量反映了软文在搜索引擎上曝光机会的大小。软文关键词在搜索引擎中的排名越靠前，被用户点击和阅读的机会就越大，从而增加了曝光量。

（4）媒体渠道

在不同的媒体渠道上发布软文，如新闻网站、论坛等，都会增加软文的曝光量。每个渠道的受众群体不同，因此选择适合的渠道对提升曝光量至关重要。

（5）广告推广

通过付费广告的形式，如搜索引擎广告、社交媒体广告等，可以迅速增加软文的曝光量。但是，这种方式需要投入一定的资金，并且需要根据预算和目标用户进行精准投放。

营销者可以根据网站访问量、内容点击率等进行实时监测及定量评估。例如，在微博中搜索"毕业开新局"会出现很多信息，这些信息的曝光会被计入相关文案的曝光量，该话题下的所有微博阅读量和相关的讨论量会被累计标识，如图 7-5 所示。

图 7-5　"毕业开新局"的微博阅读量和讨论量

2. 参与度

参与度是指人们在某个活动或场景中的参与程度。在软文营销中，参与度具体表现为用户对软文内容的关注、理解、反馈和分享等行为的程度，它衡量了用户与软文内容之间的互动质量和强度。

参与度的主要评估指标如下。

（1）互动数据

互动数据主要包括点赞量、评论量、转发量、收藏量等。点赞量直接反映了用户对软文内容的喜好程度。评论量体现了用户对软文内容的感兴趣程度和反馈意愿，同时也是营销者获取用户反馈的重要途径。转发量反映了用户对软文内容的传播意愿。收藏量代表了用户对软文内容的长期关注度和价值认可度。

例如，微信公众号软文的点赞数、留言数、分享数及"在看"数是衡量微信公众号软文传播效果的重要指标，它们代表着用户在阅读微信公众号软文时的参与程度；在微博上，微博的转发量、评论量和点赞量是衡量微博软文传播效果的重要指标，如图7-6所示。

图7-6 互动数据

（2）用户反馈

营销者可以通过用户留言、私信、调查问卷等方式收集用户对软文内容的直接反馈，了解用户对软文内容的接受程度、认同程度及改进建议。

（3）社交媒体互动

在社交媒体平台上，观察软文被分享、讨论、引用等互动情况，评估软文在社交媒体上的传播效果和用户参与度。

（4）留存率

对于一些需要用户持续参与的软文营销活动（如系列软文、互动挑战等），留存率是一个重要的参与度指标。它反映了用户对活动的持续关注度和参与程度。

| 157

（5）参与时间

分析用户在软文页面或相关活动中的停留时间，营销者可以了解用户对软文内容的认可程度和关注度。

（6）协作度

对于一些需要用户协作完成的软文营销活动（如用户生成内容），协作度是一个重要的参与度指标，它反映了与用户之间的互动和协作程度，以及用户对活动的投入和贡献。

3. 影响力

在软文营销中，影响力主要体现在软文内容对用户的吸引力、软文的传播范围，以及软文引发的用户的后续行动等方面。

影响力的主要指标如下。

（1）软文再创造

用户在对软文产生心理认同的前提下，对软文进行再创造，这是软文产生用户影响力的直接表现。用户对软文的再创造通常表现为二次传播，即用户在接收到软文后，由于软文的内容、观点或情感触发了他们的共鸣，进而通过分享、转发、评论等方式将软文传播给更广泛的人群。在某些情况下，用户可能会对软文的内容进行衍生创作，例如，基于原文进行改写、扩展或添加个人观点，形成新的内容。

用户的再创造行为能够显著扩大软文的影响力，使原本只针对特定目标用户的软文得以覆盖更广泛的用户群体。通过再创造，用户可以更积极地参与到软文的传播过程中，形成更强的互动性和用户黏性。用户的再创造内容往往包含了他们对软文的理解、感受和建议，这些信息对于优化后续的营销策略具有重要价值。

（2）媒体报道和转载

软文发布后，是否有其他媒体报道或转载，也是衡量软文影响力的重要指标。媒体报道和转载可以进一步扩大品牌的曝光度和知名度，提升软文的影响力。

（3）品牌知名度

软文营销的目标之一是提升品牌知名度。通过软文推广，品牌和产品可以在用户脑海中形成深刻的印象，进而提高品牌知名度和美誉度。品牌知名度的提升是软文营销影响力的重要体现之一。

4. 行动力

行动力是指由软文营销内容所激发的用户采取实际行动的意愿和能力。它涉及用户对软文信息的接受程度、对品牌或产品的感兴趣程度，以及转化为实际行动（如购买、咨询等）的驱动力。

行动力的主要指标如下。

（1）转化率

在软文营销中，转化率指的是因软文内容而采取实际行动（如购买、注册、咨询等）的用户比例。转化率是软文营销效果最直接的体现，能够反映软文内容对目标用户的实际影响。营销者可以通过网站分析工具追踪用户行为，计算转化率。

（2）点击率

在软文营销中，点击率指的是用户点击软文中的链接或广告的比例。点击率反映了软文内容对用户的吸引力和引导能力。

（3）品牌搜索量

品牌搜索量是指软文发布后，目标用户对品牌或产品的搜索量。品牌搜索量的增加反映了用户对软文内容兴趣的提升和潜在购买意愿的增强。

（4）销售增长

销售增长是指软文发布后，品牌或产品的销售额增长情况。销售增长是软文营销效果最直观的体现，直接反映了软文内容对销售业务的影响。例如，企业可以通过产品在线上线下的销售情况对软文的传播效果进行评估，如图 7-7 所示。

图 7-7　销售情况

7.3　软文营销效果的提升

营销者通过精心策划软文的内容，可以有效地传达企业的品牌理念、价值观和文化，增强公众对品牌的认知度和认同感。当软文营销效果提升时，品牌的曝光度和美誉度也会相应地提高，进而增强品牌的影响力，使品牌在激烈的市场竞争中脱颖而出，还能达到促进产品销售、建立良好客户关系的目的。

7.3.1　提升软文营销效果的关键因素

软文营销成功的关键在于软文可以打动用户，而要想实现这一目的，提升软文营销效果，营销者要在软文营销过程中紧抓以下关键因素。

1. 准确的营销策略

产品处于不同的市场阶段时，相应的营销策略也会有所不同，所以企业应采取的软文营销方式也应不同。

当产品处于市场导入期时，企业需要通过软文向目标用户介绍产品的基本功能和优势，让用户对产品有一个基本的了解，包括了解产品的独特性，并将其与同类竞争产品区分开来等。

当产品处于市场成熟阶段时，大多数用户已经知道此产品，软文就要从用户的角度出发，突出产品能够满足用户哪些方面的需求，用户通过使用产品可以得到什么。

在明确大的宣传方向后，营销者要清楚品牌本身的优势，了解竞争对手的详细信息，了解行业的发展趋势，综合考虑以上关键因素，确定最准确的营销诉求，最终形成准确的营销策略。

2. 良好的写作素材

在软文营销过程中，素材的选择至关重要，优质的素材可以使软文更有说服力。因此，企业要想更好地体现产品的优势，不仅要熟悉相关的产品技术和指标，还需要挖掘出良好的素材。这些软文的素材可以是客户的使用案例，也可以是客户对产品的良好评价，从第三方的角度来反映产品的优势。

3. 具备多维度视角

在软文营销的内容表达上，企业可以从行业协会、制造商、同行竞争对手、消费者、媒体等多个角度来展示产品的优势。当目标用户选择购买产品时，他们有时会通过软文的各个角度来判断产品是否值得购买。因此，产品需要被多维度展示，以帮助用户更深入地了解。

4. 使用户产生共鸣

大多数时候，用户认可软文内容的前提是软文内容在一定程度上打动了他，让他认为软文中的观点是正确的，这样用户就会与软文及其推荐的产品产生共鸣。用户产生共鸣的基础是软文的内容是用户可以理解的，一方面，企业要从用户的角度呈现内容；另一方面，企业要主动到用户群体中去了解他们的想法，这样可以为软文增添不少打动用户内心的细节。

7.3.2　提升软文营销效果的方法

在信息爆炸的时代，如何最大限度地实现软文的有效传播成为营销者需要关注的问题。对于营销者来说，掌握软文传播的要领，提升软文的传播力非常重要。总的来说，提升软文营销效果的方法有 3 种，分别是设计符号、铸造社交货币，以及增强信息黏性。

1. 设计符号

传播的本质是信息的流通，而信息的流通则依赖于各种各样的符号。符号是人们共同约定用来指称一定对象的标志物。符号可以分为图像符号、指示符号、象征符号等类型。

无论是在传统媒体时代，还是在新媒体时代，符号在信息传播过程中都发挥着基本且关键的作用。在纸质媒介中，符号形态主要是文本、图片和版面；在广播媒介中，符号形态主要是语音、音乐等；在电视媒介中，符号形态集图像、色彩、语言、音乐等于一体，强化了符号的视觉性。到了新媒体时代，符号的使用方式更加丰富，文字、图片、视频、音频、超链接等符号的表现形式和组合方式更加丰富，营销者往往可以运用两种以上符号组合的方式来呈现信息。

在软文营销中，营销者要善于为软文设计符号，以达到以下目的。

（1）增强品牌识别度

营销者可以设计独特的品牌符号，如 Logo、吉祥物、口号等，这些符号能够迅速被用户识别和记忆，从而提升品牌的知名度和影响力。在软文中反复使用这些符号，能使用户在阅读过程中不断加深对品牌的印象。

（2）传递品牌理念

设计符号时，应考虑其背后的意义，确保符号能够准确传达品牌的理念、价值观或产品特点。例如，环保品牌的符号可以采用绿色的色调，强调其环保理念；科技品牌的符号可以采用简洁、现代的线条，以展现其科技感。

（3）提高互动性和参与感

在软文中设计有趣的互动环节，例如，让用户猜测符号背后的意义、参与符号创作等，以提升用户的参与度和互动性。这些互动环节能够增强软文的趣味性和吸引力，使用户更愿意分享和传播软文。

2. 铸造社交货币

很多软文在发布之后点击量和互动量非常少，很大程度上是因为这些软文忽略了社交货币在软文传播中的作用。因此，营销者在撰写软文时要懂得如何铸造社交货币。

（1）提供谈资

谈资是指能够激发人们兴趣、引起讨论和分享的话题或内容。在提供谈资时，营销者可以按照以下方法来做。

① 挖掘热点话题

紧跟时事热点，结合品牌或产品特点，撰写与热点相关的软文。例如，可以结合当前流行的电影、电视剧、社会事件等，创作出与之相关的软文内容。营销者要利用数据分析工具，了解目标用户关注的话题和兴趣点，从而创作出更符合用户需求的软文。

② 创造独特观点

在软文中提出新颖、独特的观点或见解，使内容具有争议性和讨论价值，这样可以激发用户的思考，促使其进行分享和讨论。营销者可以通过引用权威数据、行业报告或专家观点，提升软文的权威性和可信度，使软文更有说服力。

③ 提供有趣的故事

讲述与品牌或产品相关的有趣故事，如创始人背后的故事、产品诞生的过程、消费者的故事等。这些故事能够吸引用户，让其愿意与他人分享。故事要具有情感共鸣点，能够触动用户的内心，激发他们的情感反应，从而促使他们进行分享。

一个好的品牌故事，是以"英雄之旅"为蓝本，让消费者成为故事的主角，品牌作为导师或伙伴，帮助他们解决问题，最终成为英雄的故事。以 Timberland 为例，Timberland 从进入大众视野，到赢得人们的关注与热议，主要通过三条广告片完成：2016 年的《真·是踢不烂的》、2018 年的《未完成》，和 2021 年的《踢不烂的你》。这三条广告片在叙事上都是以一双拟人化的大黄靴进行讲述；在视觉上，延续一贯的拍摄手法：只拍鞋子不拍人。画面聚焦在大黄靴上，以鞋的视角见证一切、经历一切，走过每一条路，遇见每一个人，如图 7-8 所示。

图 7-8　Timberland 广告片

这种手法突出了鞋的存在，强化了产品形象，但人的属性没有一点淡化。因为这三条片子讲述的都是消费者的成长之路，消费者穿着Timberland去做什么，因此，消费者是毫无疑问的主角。

例如，《未完成》中最具代表性的那句文案："我走的时候叫Timberland，回来时才叫踢不烂"。"踢不烂"的故事是由消费者来完成的。

在消费者的这些故事里，Timberland扮演的是一个伙伴和盟友的角色，它帮助消费者"跨出别人指定的路线，自然到达别人到不了的地方"，"让我们一起走向现实，走向高不可攀的山巅、走向遥不可及的溪谷、走向海浪与风、走向自由、走向爱"。

在2021年的片子中，Timberland更是明确地指出，没有穿不坏的鞋，但鞋子可以帮助消费者成为"踢不烂的你"，如图7-9所示。

嘲有穿不坏的鞋

图7-9　Timberland广告片《踢不烂的你》

这三条片子成为Timberland最好的品牌介绍。如果Timberland只是以鞋子为主角来讲述产品如何结实耐用、质量过硬，为什么穿不坏、踢不烂的品牌故事，那么它就不能取得今天的成绩。

Timberland的品牌使命是"装扮他人，使其与众不同"，这个使命就是在强调消费者的主角地位。

④ 激发好奇心

在软文中设置悬念或疑问，激发用户的好奇心和求知欲。例如，可以提出一个问题或现象，引导用户思考并分享自己的看法。

（2）塑造形象

分享和传播个性化的社交货币可以帮助用户塑造出差异化的立体形象，将一个更加理想化的自我呈现在他人面前。营销者提供的社交货币要能帮助用户实现自我形象的塑造，这就要求营销者深入了解目标用户的特点、兴趣、价值观等，以创作出更符合他们需求的社交货币内容，包括了解他们的生活方式、消费习惯、社交需求等，从而确保内容能够引起他们的共鸣和兴趣。

符合用户自我形象的软文内容要具备以下特征。

①强调独特性

营销者可以创作一些能够展示用户独特个性和品味的内容，如独特的观点、独特的经历、独特的爱好等。这些内容可以帮助用户在社交圈中树立自己的独特形象，展示自己的与众不同。

②强调专业性

如果目标用户在某个领域具有专业性，营销者可以创作与该领域相关的专业内容，如行业报告、专家观点、案例分析等。这些内容可以展示用户的专业素养和知识水平，提升他们在社交圈中的权威性和可信度。

③强调积极形象

营销者可以创作一些积极、正面的内容，如正能量故事、励志经历、公益活动等。这些内容可以帮助用户塑造积极向上的形象，赢得他人的尊重和认可。

（3）运用社会比较

社会比较是指个体就自己的信念、态度、意见等与其他人的信念、态度、意见等做比较，又称人际比较。个体通过社会比较，可以将他人作为尺度来衡量自我。

营销者可以采取以下方法，充分利用用户的社会比较心理来提升软文的传播效果。

一是提供真实的用户案例和反馈，分享真实的用户故事，展示他们使用产品或服务后的改变和收获。这些案例能够激发用户的认同感和归属感，增加其购买欲望。

二是使用有说服力的数据，引用权威机构或独立调查的数据，证明产品或服务的优势和效果。例如，可以提及"根据××机构的研究，使用我们的产品后，90%的用户表示满意度得到了提升"。

三是运用从众效应，设置诸如排行榜之类的内容，通过社会比较促进软文的扩散传播。

（4）运用利他效应

利他效应，又称利他主义效应，是指人们在追求自己利益的同时，也能考虑并满足他人的利益，从而产生双赢的结果。在软文传播中，运用利他效应能够激发用户的共鸣，提升软文的传播力和影响力。

在运用利他效应时，营销者要能识别并满足用户的利他心理。营销者要在软文中强调产品对社会的贡献，强调产品如何帮助解决社会问题，如环保、教育、医疗等，从而激发用户的利他心理。例如，"我们的产品采用环保材料，每售出一件，就能为地球减少一分污染"。

软文要创造利他行为的情境与机会，如捐款、志愿服务等，让用户感受到自己的利他行为能够为社会做出贡献，同时要提供分享与传播的便利，在软文中提供易于分享和传播的内容与链接，鼓励用户将软文分享给更多的人，这样不仅能够扩大软文的影响力，还能让用户感受到自己的利他行为能够帮助到更多的人。

软文要强化用户的利他心理体验，对于参与利他行为的用户，给予正面反馈和奖励，如积分、优惠券等，这样能够让用户更加愿意参与类似的利他行为。软文要营造积极向上的氛围，强调利他行为的重要性和价值，这样能够让用户感受到自己的利他行为是受到鼓励和认可的，从而更加坚定自己的利他信念。

在社交媒体中，利他心理还体现在为好友提供其需要的一些内容，尽管不能获得明显的好处，但可以维护友谊与情感关系，这就要求软文中要提供实用价值，能够让用户通过分享软文为朋友提供切实的帮助。

（5）为用户发声

每个人都有表达的欲望，希望他人可以了解自己的所思所想，接受自己的观点和态度，但由于表达能力有限，或者表达素材不够，很多时候人们无法清晰、准确地表达自我，软文中的社交货币恰好可以帮助用户解决这一问题。

在撰写软文时，营销者要站在用户的角度思考问题，了解用户的想法，为用户发声，说出用户想说而说不出的话，这样就可以激发用户的共鸣，获得用户的认可，提升软文的传播效果。

知识链接

在铸造社交货币时，要提防相关的误区：一是不能盲目铸造社交货币，社交货币的铸造需要对品牌有正面的传播意义，不能激发负面的社交情绪；二是防止失控，社交货币根植于社交网络，软文在传播过程中，其初衷可能会被扭曲或误解，品牌要做好舆情监控与管理，防止社交货币的传播意义被带偏，尤其是要引导粉丝做正向价值传播。

3. 增强信息黏性

信息黏性指的是内容对用户的吸引力和吸引力的持久性。当软文内容具有较强的信息黏性时，就更容易吸引用户的注意力，让其在阅读过程中产生浓厚的兴趣，并愿意分享和传播这些内容。这不仅有助于扩大软文的传播范围，还能增强品牌或产品的知名度和美誉度。

营销者可以运用以下方法来增强软文的信息黏性。

（1）软文内容要便于用户理解

在新媒体时代，人们的时间变得碎片化，注意力也逐渐变得分散，复杂、抽象的信息会增加用户的理解难度。如果用户难以理解软文中的内容，软文的传播也就难以达到理想的效果。要想让软文内容更便于用户理解，一方面要将软文内容变得简单化，另一方面要将软文内容变得具象化。

- **简单化**：将文字凝练概括，使其形式简洁、一目了然，用通俗的语言来诠释不易理解的信息。
- **具象化**：把抽象的内容表现得很具体，例如，用数据来凸显产品的优势，用比喻修辞来突出产品的特点。

（2）与用户产生强关联

软文信息与用户的关联度取决于其实用性，也就是说，软文的内容应是对目标用户有价值的信息，这就要求营销者在撰写软文之前仔细进行调研，分析目标用户的心理与需求，为其解决实际问题。

（3）充分调动用户的情感

在软文中充分调动用户的情感，是提升软文传播效果的关键策略。当用户在阅读过程中产生强烈的情感共鸣时，他们更有可能被内容所吸引，进而分享、传播并积极参与相关活动。

营销者可以在软文中讲述与用户生活密切相关、具有共鸣性的故事，引发用户的情感共鸣，让其在阅读过程中产生强烈的情感反应。这些故事可以是品牌故事、用户故事或社会热点事件，关键是要确保故事的真实性和情绪感染力。

营销者可以通过使用形象的比喻、生动的描绘和提供丰富的细节，让用户更加深入地了解内容，产生更加真实的情感体验。同时，还可以利用排版技巧来增强语言的感染力和吸引力，如使用加粗、斜体等排版技巧来突出重点。

小技巧

结尾是软文情感调动的关键部分，一个触发情感共鸣的结尾能够让用户在阅读结束后依然沉浸其中，产生强烈的情感共鸣和认同感。在软文的结尾部分，可以再次强调主题和情感氛围，通过呼吁、鼓励或祝福等方式来激发用户的情感共鸣，提升其参与度。

课堂实训：台铃软文营销效果分析

教学视频

台铃软文营销效果分析

1. 实训背景

2024 年 1 月，台铃集团执行总裁孙木楚深入神秘的北纬 47 度，"勇闯前人未至之境"，引发众多权威媒体热议，成为全网关注的焦点。

在万众期待下，台铃倾情打造的《穿越，每一公里》正片震撼发布，一上线就强势霸榜微博热搜，台铃的品牌势能再次爆棚。

该短片记录了孙木楚在人迹罕至的北纬 47 度，在被凛冽北风和刺骨严寒包围着的冰雪之路上逆寒而进、凌冰踏雪的故事。从乌带公路到小兴安岭大箐山，再到松花江莲花湖，孙木楚作为挑战极寒"无人区"的行业第一人，凭着台铃出色的长续航技术，以冒险家的身份行驶了 857 千米，将不可能变为可能，书写了新的"骑迹"。

穿林海、跨雪原、越冰湖，孙木楚以气冲霄汉的斗志，迎风雪、战极寒，用实际行动诠释了台铃无惧挑战、勇于开拓的品牌精神。

在广袤无垠的北国雪原中，台铃征服未知的路况、恶劣的天气，象征着台铃迎难而上、持续深耕长续航事业的决心。

2. 实训要求

请同学们分析案例中台铃这次软文营销的传播影响因素，并根据评估模型对其营销效果进行评估。

3. 实训思路

（1）讨论案例

请同学们在社交媒体中搜集台铃此次营销的各种信息，并分析其中涉及的软文传播的影响因素有哪些。

（2）评估营销效果

从曝光量、参与度、影响力和行动力等因素来评估台铃此次营销的效果。

（3）提出营销建议

请综合自己所学的知识和网络搜集到的信息，在综合分析之后为台铃此次的软文营销提供几点有效的建议。

课后思考

1. 简述软文的传播策略。
2. 简述具有自传播性的软文具有哪些特征。
3. 简述提升软文营销效果的方法。